Friedenspreis
des Deutschen Buchhandels
2010

Die Reden, die aus Anlass der Verleihung des Friedenspreises des Deutschen Buchhandels an David Grossman in der Paulskirche zu Frankfurt am Main gehalten wurden, wurden zuerst im »Börsenblatt, Wochenmagazin für den Deutschen Buchhandel« vom 14. Oktober 2010 veröffentlicht. Der in der Broschüre abgedruckte Text folgt dem gesprochenen Wort.

ISBN 978-3-7657-3138-9
Copyright © Börsenverein des Deutschen Buchhandels e.V.
Frankfurt am Main 2010
im Verlag MVB Marketing- und Verlagsservice des Buchhandels GmbH
Redaktion und Lektorat: Martin Schult
Foto: Kobi Kalmanovitz
Typografische Konzeption: DANGEROUS. Werbeagentur GmbH
Druck und Bindung: PR-Rachfahl-Druck GmbH
Übersetzungen: Anne Birkenhauer, Stuart Schoffman, The Hagedorn Group
und Orlaith Kelly

Friedenspreis des Deutschen Buchhandels
Peace Prize of the German Book Trade
2010

David Grossman

Ansprachen aus Anlass der Verleihung
Conferment Speeches

Inhalt / Contents

Urkunde

Den Friedenspreis des Deutschen Buchhandels
verleiht der Börsenverein im Jahr 2010

David Grossman

und ehrt damit den israelischen Schriftsteller, der sich aktiv
für die Aussöhnung zwischen Israelis und Palästinensern einsetzt.
In seinen Romanen, Essays und Erzählungen versucht er, nicht nur
die eigene, sondern immer auch die Haltung der jeweils
Andersdenkenden zu verstehen und zu beschreiben.

David Grossman gibt dem schwierigen Zusammenleben
eine literarische Stimme, die in der Welt gehört wird.
Seine Bücher zeigen, dass die Spirale von Gewalt, Hass und
Vertreibung im Nahen Osten nur durch Zuhören, Zurückhaltung
und die Kraft des Wortes beendet werden kann.

In seinem Hauptwerk »Eine Frau flieht vor einer Nachricht«
zeigt David Grossman die Bedeutung der Sprache für die Suche
nach Identität und warnt vor ihrer zunehmenden Militarisierung.
So bietet er inmitten einer Realität von Willkür, Zwang und Entfremdung
Auswege aus dem jetzigen Zustand der Gesellschaft,
die sich zwischen Krieg und Frieden befindet.

Börsenverein des Deutschen Buchhandels

Der Vorsteher

Gottfried Honnefelder
Frankfurt am Main, in der Paulskirche
10. Oktober 2010

Certificate

The German Publishers and Booksellers Association awards the
2010 Peace Prize of the German Book Trade to

David Grossman

In so doing, the association and its members have chosen to honor
one of Israel's foremost authors and an active supporter of reconciliation
between Israelis and Palestinians. In his novels, essays and stories,
David Grossman has consistently sought to understand and describe
not only his own position, but also the opinions of those
who think differently.

David Grossman gives a literary voice – one that is heard
throughout the world – to this difficult co-existence.
His books illustrate the extent to which we can only end
the cycle of violence, hatred and displacement in the Middle East
by means of listening, restraint and the power of words.

In his major work »To the End of the Land«, Grossman shows
the importance of language in the search for identity and warns
of its increasing militarization. Faced with a reality characterized
by arbitrariness, coercion and alienation, David Grossman offers us
ways out of a society caught between war and peace.

German Booksellers and Publishers Association

Chairman of the Board of Trustees

Gottfried Honnefelder
Frankfurt am Main, Church of St. Paul
October 10, 2010

Begrüßung

Gottfried Honnefelder

Vorsteher des Börsenvereins des Deutschen Buchhandels

Zu den Urformen der menschlichen Kultur gehören Gabe und Gegengabe. Dabei ist nicht der Tausch von Waren gemeint, der dem bloßen Nutzen dient. Es ist die frei und aus dem Überfluss gegebene Gabe und ihre Antwort in Form der Gegengabe, mit der – so die Kulturanthropologen – die Kommunikation beginnt, die wir *Kultur* nennen. Denn in Gabe und Gegengabe treten Menschen einander gegenüber, ohne sich gegenseitig umzubringen, sie geben einander, ohne sich dem anderen zu opfern. Wo solches geschieht, wird der Kampf vom Frieden abgelöst. Denn um zu Gabe und Gegengabe fähig zu werden – so heißt es bei Marcel Mauss –, »mussten die Menschen es fertig bringen, die Speere nieder zu legen«. Erst als König Arthur, so vermerkt die bretonische »Chronique d'Arthur«, das Wunderwerk seines Hofes erfand, entstand »die Tafelrunde, an der die Ritter sich nicht mehr schlugen«. An die Stelle der tödlichen Waffen treten Worte, an die Stelle des mörderischen Agons Gabe und Gegengabe.

Zu Recht hat man die Verleihung von Preisen mit dem Geschehen von Gabe und Gegengabe verglichen, wie sie Mauss beschrieben hat. Denn mit einem Preis werden dem Preisträger Ehre, Anerkennung und Respekt, ja Bewunderung und Verehrung, und nicht zuletzt der Preis selbst entgegen gebracht. Und nicht weniger empfängt der Stifter des Preises eine ›Gabe‹. Auch er gewinnt Ansehen und Wertschätzung, Reputation und Prestige.

*

Als der Börsenverein des deutschen Buchhandels 1950 zum ersten Mal einen Preis in Form des Friedenspreises an Max Tau verlieh, war für den Börsenverein nicht nur die Gabe wichtig – enthielt sie doch nach einer Zeit schmählicher Anpassung den Entschluss, sich mit der Stiftung eines Preises auf eine Kultur des Friedens zu verpflichten. Die Gegengabe war nicht weniger wichtig, bestand sie doch darin, mit der

Gabe jene Anerkennung wieder zu gewinnen, die den Börsenverein an die ›Tafelrunde‹ zurückkehren ließ.

Der Tausch von Gabe und Gegengabe sind im Fall des Friedenspreises aber nur eine unvollständige Beschreibung. Denn die Gabe, die der Börsenverein dem Preisträger entgegen bringt, ist ja bereits eine Gegengabe – Gegengabe für das, was Leser, Buchmarkt und Gesellschaft dem jeweiligen Preisträger zu danken haben. *Er* ist der Urheber einer Gabe, die von den Empfangenden als Geschenk empfunden wird.

*

In diesem Jahr dankt der Börsenverein durch die Verleihung des Friedenspreises David Grossman für das, was er durch sein Werk und sein Wirken allen geschenkt hat, die an dem Anteil nehmen, um das es ihm geht, um die Sache des Friedens. David Grossmans Gabe ist wahrhaftig nicht gering. Denn er hat nicht weniger versucht, als mit der Kraft des Wortes und der Argumente auszuloten, welchen Weg es in der zerteilten und verminten Welt seiner Heimat überhaupt noch geben kann, um – mit Marcel Mauss' Worten – »die Speere niederzulegen«.

Wo Argumente sich nicht mehr durchzusetzen vermögen, kommt dem Werk, das nichts anderes tut, als das Schicksal der betroffenen Menschen zu erzählen, ganz besondere Bedeutung zu. Eindrucksvoll und erschütternd lässt sich dies bei der Lektüre von Grossmans jüngstem großen Roman »Eine Frau flieht vor einer Nachricht« erfahren. Die Ambivalenz der realen Welt, so zeigt der Roman, geht bis in die Worte: Denn Worte können Zeichen des Todes wie Zeichen des Lebens sein. Da ist auf der einen Seite das Wort, das einer Mutter den Tod ihres Sohnes im Krieg mitteilen will – ein Wort, das so endgültig wäre, dass die Mutter vor seiner drohenden Übermittlung nur noch fliehen kann. Und zugleich ist es wiederum das Wort, dem es gelingt, diese Flucht nicht im Nirgendwo enden zu lassen, und das sogar das Verstummen aufzubrechen vermag, das Krieg und Folter beim mitwandernden Vater des Sohnes hinterlassen haben.

Dass die unlösbar erscheinenden Spannungen der Gegenwart nicht im wortlos gewordenen tödlichen Gegeneinander enden müssen, hat David Grossman nicht nur in immer neuen Anläufen mit Argumenten zu begründen versucht. Er hat seine Hoffnung im eigenen, persönlichen Handeln auf eine tief berührende Weise glaubhaft gemacht, hat ihn doch die Nachricht, dass unerwartet auch der eigene Sohn den kriegerischen Konflikten zum Opfer fiel, bei der Arbeit an seinem großen Roman nicht zum Verstummen bringen können.

*

Damit wird *die* Gabe sichtbar, für die wir ihm mit der Überreichung des Friedenspreises danken wollen: für ein großes essayistisches und schriftstellerisches Werk – ein Werk, das von Hoffnung spricht, weil es sich weigert, dem Krieg in seinem Land, dem Krieg in aller Welt und dem Krieg in uns das letzte Wort zu überlassen.

Greeting

Gottfried Honnefelder

President of the German Publishers and Booksellers Association

The archetypes of human culture include the act of giving and of giving in return. This does not mean the exchange of goods simply to serve a useful purpose. It is the freely offered gift born of abundance, and its response in the form of a gift in return which – so the cultural anthropologists tell us – marks the beginning of the communication that we call *culture*. Because in giving and giving in return, people face one another without killing one another, they give to one another without sacrificing themselves to one other. When that sort of thing happens, peace takes the place of combat. Because in order to be capable of giving and of giving in return, »people had to succeed in laying down their spears« – as Marcel Mauss puts it. It was only when King Arthur created the marvel of his court, so it is noted in the Breton »Chronique d'Arthur«, that there was »the Round Table at which the knights no longer fought«. Words took the place of deadly weapons, giving and giving in return took the place of murderous agon.

Quite rightly, the awarding of prizes has been compared to what happens with giving and giving in return, in the way Mauss described it. With a prize, after all, honour, recognition and respect are brought to the winner, indeed admiration and worship, and not least, the prize itself. And the donor of a prize is no less the recipient of a ›gift‹ in turn, also gaining in standing and esteem, reputation and prestige.

*

When the Börsenverein des Deutschen Buchhandels (German Publishers and Booksellers Association) first awarded a prize in 1950 with its Peace Prize to Max Tau, it was not just the giving that was important for the Börsenverein. It was the fact that after a period of ignominious conformity, the establishment of a prize embodied the resolve to make a commitment to a culture of peace. The gift in return was no less important, since with this gift, the recognition was regained which permitted the Börsenverein to return to the ›Round Table‹.

But in the case of the Peace Prize, to call it an exchange of gift and gift in return is inadequate. Because the gift brought to the prizewinner by the Börsenverein is already, after all, a gift in return – a gift in return for everything that readers, book market and society have received from the respective prizewinner. *He* is the originator of a gift that is perceived as such by those who receive it.

*

With the presentation of this year's Peace Prize, the Börsenverein thanks David Grossman for what he, through his works and deeds, has given to all those who share in what matters to him, the cause of peace. David Grossman's gift is not inconsiderable. Because he has tried nothing less than to use the power of the word and of arguments to fathom whether there can still be a way in his divided and mined homeland to succeed – in Marcel Mauss' words – »in laying down their spears«.

When arguments are no longer able to assert themselves, work that does no more than tell of the fate of those affected becomes particularly important. This can be experienced impressively and distressingly by reading Grossman's latest great novel, »To the End of the Land«. The ambivalence of the real world, as the novel shows, extends equally into the use of words: because words can be signs of death as well as signs of life. On the one hand, there is the word that seeks to tell a mother of the death of her son in war – a word that would be so final, a mother can only flee from its threatened delivery. And at the same time, though, it is only the word which succeeds in ensuring this flight does not end in nowhere, and which is even capable of unlocking the silence that war and torture have bequeathed to the son's also travelling father.

It has not just been in repeated new approaches using arguments that David Grossman has tried to give reasons as to why the seemingly insoluble tensions of the present time need not end in what has become a wordless, deadly conflict. He has given credibility to the hope he places in individual personal action in a deeply moving way. After all, the news that his own son has also unexpectedly fallen victim to the conflicts of war could not silence him in working on his great novel.

*

This in itself reveals *the* gift for which we want to thank him by giving him the Peace Prize: a great body of work as an essayist and writer – a work that speaks of hope because it refuses to leave the last word to the war in his country, to the war everywhere in the world, and to the war within ourselves.

Translated into English by Orlaith Kelly

Begrüßung

Petra Roth

Oberbürgermeisterin der Stadt Frankfurt am Main

Hier in der Paulskirche erleben wir bedeutende Reden und herausragende Ehrungen und doch, meine sehr verehrten Damen und Herren, ist es der Friedenspreis des Deutschen Buchhandels, der seit nunmehr 60 Jahren eine ganz eigene Aura verströmt. Und dies bewirken die Preisträger. Nicht, weil sie in besonderer Weise für den Frieden eintreten, dies nehmen wir alle für uns in Anspruch, sondern weil sie eine Tugend und, ja ich nenne es ganz profan, ein Talent verkörpern, das uns allen, und da schließe ich meine Kaste der Politik mit ein, allzu oft verloren gegangen ist: die Kunst der Vermittlung, der Erläuterung, des Gedankens. Es ist die Kunst der vorurteilsfreien Kommunikation. Und so reiht sich, meine Damen und Herren, der diesjährige Friedenspreisträger 2010, David Grossman, zu Recht zu diesen ehrenwerten Persönlichkeiten.

*

Er ist ein Autor, bei dem sich schriftstellerische Arbeit und aktives Eintreten für eine friedliche Zukunft für Israelis und Araber miteinander verwoben haben und zu seinem Lebensthema geworden sind. David Grossman dringt in die Tiefen dieses andauernden Ausnahmezustands vor, und er zeigt uns, was diese Anspannung aus Bedrohung, Militarisierung und Krieg mit Menschen und, in deren Summe, mit einer ganzen Gesellschaft macht. Er legt offen, dass auch der vermeintliche Sieger auf dem Schlachtfeld auf die Dauer zum Verlierer wird. Er zeigt, wie der Krieg sich in die Menschen hineinfrisst.

Der Leser kann sich in das Schicksal der Romanfiguren hineinversetzen und an ihrer Geschichte teilnehmen. Wir lernen, wie Menschen und ihre Gesellschaft mehr und mehr in der Logik eines Konflikts gefangenen werden, der von Aktion und Reaktion bestimmt wird. Wir erfahren, wie der Wunsch nach Frieden und Normalität zunehmend davon überlagert wird, dass der Konfliktzustand selbst als Normalität empfunden wird. Bis am Ende ein Ausbruch aus der Logik des Krieges in eine solche des Friedens auf schier unüberwindbare Hindernisse zu stoßen scheint.

*

Genau hier wird die literarische Bearbeitung eines regionalen Konflikts zur Weltliteratur. David Grossman zeigt uns in seinen Texten wie durch seine eigene Biographie, dass es keine sinnvolle Alternative dazu gibt, allen Widerständen, Rückschlägen und Enttäuschungen zum Trotz weiterzumachen: weiter zu schreiben, immer wieder neu ansetzen, weiter nach Wegen zu suchen, um eines Tages aus dieser zerstörerischen Logik wieder in die Logik des friedlichen Umgangs zu finden.

*

Ich gratuliere dem Stiftungsrat zu seiner Wahl und, im Namen der Stadt Frankfurt am Main, beglückwünsche ich Sie, lieber David Grossman, zum Friedenspreis des Jahres 2010.

Greeting

Petra Roth

Lord Major of the City of Frankfurt am Main

Ladies and Gentlemen, here in the Church of St. Paul, we have witnessed many important speeches and events honoring prominent individuals. Nevertheless, the ceremony that sees the awarding of the Peace Prize of the German Book Trade – now in its 60th year – creates an aura that is all its own. This special atmosphere is generated by the award recipients themselves. This isn't because they advocate for peace in some special way – which is something we all would like to claim to do. Instead, it is because they embody a virtue and, to put it quite mundanely, a talent that we – and I include the political class to which I belong – lose sight of all too often. It is the art of mediation, of explanation, of thought. It is the art of impartial communication. And it is precisely for this art, Ladies and Gentlemen, that David Grossman, the recipient of the 2010 Peace Prize, assumes his rightful place among the award's previous well-deserving recipients.

*

David Grossman is an author who has succeeded in interweaving his literary work with a vigorous championing of a peaceful future for both Israelis and Arabs. This combination has become the very theme of his life. David Grossman penetrates the depths of this unending state of emergency, and he shows us what this strain – born of militarization, war and a constant state of threat – does to individuals and society at large. He reveals that even the supposed ›winners‹ on the battleground eventually emerge as losers. He shows how war eats its way into individual human beings.

In his novels, readers are invited to put themselves in each character's position and become a part of their story. We learn how individuals and societies can become more and more trapped in the logic of a conflict dictated by action and reaction. We experience how the desire for peace and normalcy is increasingly obscured by the fact that the permanent state of conflict is viewed as ›normal.‹ This leads to a situation where it appears as if insurmountable obstacles stand in the way of breaking free from the logic of war and embracing the logic of peace.

*

It is precisely here that the literary treatment of a regional conflict becomes world literature. In his works and through his own experiences in life, David Grossman shows us that there is no meaningful alternative – even in the face of constant resistance, setbacks and disappointments – but to continue on: to continue writing, to continue venturing forth in new ways, and to continue seeking out new paths with the goal of one day emerging out of this destructive logic and finding our way back to the logic of peaceful interaction.

*

I congratulate the Board of Trustees for its choice and, in the name of the City of Frankfurt am Main, I congratulate you, David Grossman, on winning the 2010 Peace Prize.

Translated into English by The Hagedorn Group

Laudatio

Joachim Gauck

Meine Damen und Herren,

ich wünschte, wir hätten einen unter uns, den ich von hier aus herzlich grüße und den ich am liebsten auch hier begrüßt hätte. Es ist der Friedensnobelpreisträger Liu Xiaobo.

Mein lieber hochverehrter David Grossman, groß ist unsere Freude darüber, dass Sie gekommen sind. Als Schriftsteller, als Institution, als Symbol der Friedensbewegung sind Sie uns und der Welt seit langem bekannt, aber heute haben wir das Glück, dem real existierenden David Grossman zu begegnen. Es ist eine Begegnung, die wir ersehnt haben. Denn die Preisgeber und wir, die Festgäste, so prominent und geschmückt wir auch daherkommen mögen, sind insgeheim Dürstende. Immer in der Gefahr, in den Wüsten unserer Zeit zu verschmachten, sehnen wir uns nach Menschen, deren Denken, Reden und Schreiben uns hoffen lässt, die Zukunft könne Freiheit, Frieden und Recht bringen.

Der Friedenspreis des Deutschen Buchhandels ehrt Menschen, die uns geben, wovon wir zu wenig haben – und mit Ihnen, lieber David Grossman, hat der Stiftungsrat einen dieser inspirierenden Menschen gefunden. Wir finden eine sprachliche Kraft in Ihnen, die wir bewundern. Aber mehr noch finden wir Unbestechlichkeit, Mut, die Bereitschaft zur unerschrockenen Wahrnehmung dessen, was ist, und den festen Willen, nicht aufzugeben, wo andere verzagen. Deshalb danken wir Ihnen und gratulieren aus vollem Herzen!

*

Schriftsteller, so sagten Sie einmal, werde man vor allem durch den Drang, Geschichten erzählen zu wollen. Aber was so einfach klingt, gerät angesichts der politischen Realität in Israel unausweichlich in abgründige Gefilde. Wo täglich Tod und Verletzung drohen, stoßen Hass und Verzweiflung den Menschen leicht in die Aggression oder in die Apathie. Als Schriftsteller, so sagten Sie daher auch, fühlten Sie sich aufgerufen, der Umklammerung der ›politischen Lage‹ zu entgehen und das »Recht auf Individualität und Einzigartigkeit« zu reklamieren.

Sie wollen auf Fanatismus und Gewalt nicht mit Fanatismus und Gewalt reagieren und weigern sich beständig, die schäbige Uniform des Hasses zu tragen. Sie wollen sich aber auch nicht ohnmächtig einem ›Schicksal‹ unterwerfen und setzen alles daran, immer wieder die innere Freiheit für einen eigenen und alternativen Weg zu gewinnen.

Dazu gehört eine innere Kraft, denn die militärische Bedrohung ist höchst real. Und auch wenn in gewissen Situationen militärische Stärke erforderlich sein mag, um die Bedrohung abzuwehren, wird zugleich viel zu leicht das als Normalität angesehen, was Sie beständig benennen: jener eklatante Mangel an Verständnis und Empathie.

Und so steht nun, liebe Mitbürgerinnen und Mitbürger, ein Mann vor uns, dessen pure Existenz unserer ewigen Sorge, ob Leben gelingen kann, eine Antwort gibt. Darum macht uns die Begegnung auch glücklich. Denn indem wir diesem so besonderen Menschen begegnen, vermögen wir zu glauben, wozu auch wir fähig sind: Menschen sind nicht dazu verurteilt, Opfer ihrer Umstände zu sein. Menschen haben eine Wahl. Menschen können sich selbst noch angesichts von Willkür und Diktatur eine Bewegungsfreiheit schaffen. »Ich entdeckte«, schrieben Sie, »dass ich allein schon durch die Auseinandersetzung mit der Willkür Freiheit erlange – vielleicht die einzige, die ein Mensch vor irgendeiner Willkür hat –, die Freiheit, die Tragik seiner Lage in eigene Worte zu fassen, die Freiheit, sich auf eine andere, neue Weise zu definieren, dem die Stirn zu bieten, was einen knebelt und einen in das Korsett der Willkür zwingt.«

Mir ist dieser Gedanke sehr nahe. Denn als Bürger der DDR haben ich und viele andere Menschen im Osten Europas trotz Ohnmacht Ähnliches geschafft: Wir lebten ein wahres Leben im falschen.

Die meisten Deutschen haben nach den Exzessen von blinder Gefolgschaft und ideologischer Verblendung, nach Mord, Blutschuld, Schande und Verlust der Ehre dagestanden wie Verirrte in einer Wüste von Asche. Und um einer beschämenden inneren Einkehr zu entgehen, ließen Sie sich auch nach dem Krieg gleich wieder vom Zeitgeist einfangen. Nur wenige vermochten eine alte Erkenntnis aus der Asche zu bergen: nicht die Konformität mit den Vielen macht uns stark. Nicht die Konstruktion einer Realität, in der die Widersprüche verwischt, Teile ausgeblendet und Angst, Schmerz und Schuld verdrängt werden, macht uns glücklich. Was uns belebt und füllt, ist vielmehr die Offenheit gegenüber der Welt, die Bereitschaft, uns den Anderen zu öffnen und für den Anderen offen zu sein, ist auch die Bereitschaft, uns ehrlich mit allen Facetten des eigenen Ichs zu konfrontieren.

Ihre Literatur, David Grossman, ist Vorbild und Anleitung bei diesen Reisen zu den Anderen und zu uns selbst. Indem Sie uns mitnehmen in die Wirklichkeit Ihres Landes, nehmen Sie uns mit in die beängstigenden Gefühle von Verzweiflung, Depression, Hoffnungslosigkeit. Sie lassen uns aber auch teilhaben an dem Trost und dem Glück, wenn wir mit Ihnen erkennen dürfen: Nichts steht still, es gibt Auswege aus jeder Situation, es gibt heilende Erfahrung. Wir können neu denken und anders handeln lernen. Wir können tatsächlich gewinnen – durch innere Freiheit.

*

Lieber David Grossman, meine sehr verehrten Damen und Herren!

Es war eine große Schicksalsstunde für das jüdische Volk, als ihm die UNO 1947 einen eigenen Staat zusicherte. Als Amerika und die

Sowjetunion gemeinsam gegen die englische Mandatsmacht standen, obwohl der Kalte Krieg zwischen den Blöcken schon begonnen hatte.

Schon vorher waren sie gekommen, die heutigen Bürger Israels, wenige legal, die meisten illegal, auf notdürftig hergerichteten Schiffen, oft von den Briten direkt vor der palästinensischen Küste aufgebracht. Flüchtlinge aus Europa, die den Krieg in den Konzentrationslagern, in der Sowjetunion, im Versteck, auf falschen Papieren oder in Partisaneneinheiten überlebt hatten. Juden aus den DP-Camps in Deutschland und Österreich, aus den Internierungslagern auf Zypern, aus Polen, aus Rumänien und Ungarn. Viele, die Zionisten nur aus Not geworden waren. Nicht alle mochten sich auf das umkämpfte Palästina freuen. Hätte man ihnen die Ausreise nach Amerika gestattet, so wären viele lieber dorthin gegangen. Viele kamen so in das Land zweiter Wahl, doch sie kamen. Das verstreute und dezimierte jüdische Volk wurde in der neuen Staatlichkeit zu einem WIR.

Wir alle brauchen so ein WIR: die Familie, den Ort, die Sprache, Kultur, Religion, Nation, den Staat, all das, was uns mit den Unseren verbindet und umso mehr Sicherheit verströmt, je ungefährdeter es ist. Diesem WIR sind wir verhaftet, wir mögen es verleugnen, verdrängen oder relativieren, aber was jeder Einzelne wird, ist schicksalhaft mit diesem WIR verbunden. Manchmal decken sich die Wünsche des Einzelnen mit den Wünschen und Sehnsüchten des WIR. »WIR sind das Volk« riefen wir 1989 auf den Straßen, und schafften es, das alte System zu stürzen, Freiheit zu gewinnen und Deutschland zu vereinen. Uns war das Schicksal vor zwanzig Jahren geneigt. Endlich mochten und konnten wir frei und friedfertig sein, umgeben von friedfertigen Nachbarn.

Bei Israels Staatsgründung war das anders. »Wir haben 2000 Jahre auf diese Stunde gewartet«, sagte David Ben-Gurion in seiner Rede am

14. Mai 1948, »und nun ist es geschehen.« Doch der endlich realisierte zionistische Traum war von der ersten Stunde an bedroht.

Seitdem steht das jüdische Volk in einem Kampf auf Leben und Tod: Wir oder sie? Werden wir ständig kämpfen müssen, um unser Existenzrecht zu sichern, oder wird es gelingen, eine Heimat zu schaffen, die mehr ist als Zuflucht und Festung?

»Wenn mein Land angegriffen wird«, las ich kürzlich in einem Interview mit einem israelischen Psychologen, »muss ich mich verteidigen, rechtfertigen, kämpfen, und kann mich selbst nicht mehr kritisch betrachten.« In solchen Situationen gilt verstärkt ein altes Mantra: »If right or wrong – my country.« So sagten es in Deutschland viele Offiziere der Wehrmacht im Zweiten Weltkrieg – und das in einem Land, das sich nicht verteidigte, sondern ausgezogen war, um andere zu unterdrücken. Israel sucht nach einem Nebeneinander und Miteinander von Völkern – und ist trotzdem mit der Frage von Schuld und Zumutbarkeit gegenüber den Anderen und der Frage der Loyalität gegenüber den Eigenen konfrontiert: Bin ich nicht zur bedingungslosen Loyalität gegenüber meinem Staat verpflichtet, weil ich sonst mit ihm untergehe? Muss ich also meine Söhne und Töchter in den Krieg ziehen lassen, selbst wenn es ein Krieg ist, den eine Regierung mit Mitteln führt, die ich nicht billige?

Als Avram, einer der beiden Hauptprotagonisten in David Grossmans letztem Roman »Eine Frau flieht vor einer Nachricht«, mit zerschundenem Körper, mit Prellungen, Quetschungen, Brüchen und Verbrennungen aus einem ägyptischen Gefängnis zurückkehrt, ist eine seiner ersten Fragen, als er aus einem komaähnlichen Zustand aufwacht:

»Gibt es, gibt es noch ... Israel?«

Und seiner Freundin Ora wurde der Mund trocken: »Dachtest du, dass nicht? Alles ist, wie es war, Avram, hast du gedacht, wir seien schon...«

An der schmalsten Stelle ist Israel 15 Kilometer breit. Es zählt nur einige wenige Millionen Einwohner. Israel ist nicht England und nicht Amerika. Israel, sagt Grossman, muss man *wollen*, wenn es bestehen soll. Doch Grossmans Loyalität ist keine kritiklose Unterordnung, Er und andere Intellektuelle in Israel zeigen, dass neben Solidarität Meinungsfreiheit, Disput, Demokratie und Recht erst den Staat ausmachen, der als verteidigenswert gilt. Für sie gilt, was Carl Schurz zugeschrieben wird, dem deutschen Revolutionär, der nach der Niederschlagung des badischen Aufstands 1848/49 nach Amerika auswanderte und dort als freier Mann eine Karriere als Politiker machte: »My country, right or wrong. If right – to be *kept* right; and if wrong – to be *set* right.« Ob richtig oder falsch – es ist mein Land. Handelt es richtig, muss es auf dem richtigen Pfad gehalten werden. Handelt es falsch, muss es auf den richtigen Pfad gebracht werden.

Loyalität und Kritik sind keine Gegensätze, recht verstandene Loyalität und Kritik bedingen einander. Doch wäre es nur so einfach, wie es sich spricht!

*

David Grossman hat seinen ersten Sohn Jonathan in den Militärdienst ziehen lassen. David Grossman hat seinen zweiten Sohn Uri in den Militärdienst ziehen lassen. Uri war in den besetzten Gebieten eingesetzt, bei Patrouillen, in Hinterhalten, an den Checkpoints, im zweiten Libanon-Krieg. »Ich hatte damals das Gefühl, oder genauer gesagt die Hoffnung«, erklärte Grossman später, »dass das Buch, das ich schreibe, ihn schützen wird.« Als könne er den Sohn am Leben erhalten, wenn er – wie Ora, die Mutter des jungen Soldaten im letzten

Roman – pausenlos über ihn rede. Als könne er den Tod bannen, wenn er sich der Bedrohung offen stelle.

Wenige Stunden, bevor der zweite Libanon-Krieg 2006 zu Ende ging, kam Uri Grossman um. Sein Panzer wurde von einer Rakete getroffen. »Wenn einem so etwas passiert, will man Vergeltung, man hasst, ist verletzt, die ganze Gefühlspalette«, sagte Vater David. Aber dann spürte er, dass »immer, wenn ich dem Hass nachgab, ich mich meinem Sohn Uri nicht mehr nahe fühlte«.

Israel muss man *wollen*, sagt Grossman, aber auf eine Weise, die nicht mit Hass verbunden ist. Denn wenn die Politik sich nur an der Frage orientiert »Wir oder sie?«, wenn sie nur auf Sieg oder Niederlage setzt, wird noch der Sieg zur Ursache der nächsten Niederlage. Was auf Hass, Erniedrigung und Demütigung aufgebaut ist, wird Rache ernten. »Neinsagen«, sagt Grossman, »ist keine Politik, sondern nur eine mentale Fixierung.«

»Wenn Unversöhntes gegen Unversöhntes steht, werden zwei Menschen«, sagt Grossman, »die großzügig sind und sanft und moralisch, fast wie zwei Bestien. Sie werden zu Repräsentanten ihres Volks, und Repräsentanten neigen dazu, Dinge zu verteidigen, die sie gar nicht glauben, die sie sogar hassen.«

Die Frage ist: Schaffen wir es, der Falle zu entgehen und unser ICH auch in Krisensituationen nicht nur als Repräsentant des WIR zu begreifen? Haben wir den Mut, uns dem Anderen zu nähern, mit ihm solidarisch oder ihm treu zu bleiben, auch wenn unser WIR gekränkt, verletzt, bedroht ist und sich die Reihen schließen? Wie viel Kraft kostete es einem Serben während des Kriegs in Jugoslawien, sich nicht von seiner kroatischen Ehefrau scheiden zu lassen? Und wie viel Kraft kostete es in der NS-Zeit, sich als ›Arier‹ nicht von der jüdischen Ehefrau zu trennen?

Wohl kaum jemand von uns hier in der Paulskirche steht in der Zerreißprobe, eine doppelte Loyalität leben zu müssen. Grossmans so unbedingtes wie kritisches »Ja« zu Israel, dem Land, mit dem er sein eigenes wie das Leben seiner Kinder verbunden hat, lässt aber keinen Zweifel daran, dass sein Verständnis von Patriotismus nicht im Gegensatz steht zu seiner uneingeschränkten Bejahung der Menschenrechte, die den Respekt auch vor dem Anderen lehrt. Ein einfacher, und doch sehr schwer zu befolgender moralischer Imperativ.

Hat die jüdische Mutter Ora im Roman ihren palästinensischen Fahrer Sami nicht überfordert, als sie ihn beauftragte, sie und ihren Sohn in das Militärlager zu bringen, wo »die Aktion« der Israelis gegen die Araber beginnen würde? »Er kommt um vor Angst«, erkannte Ora später, »wie konnte ich ihm das antun?« Sami fürchtete die Autos der Juden um ihn herum, die das Liebste, was sie besaßen, zu einem gefährlichen Einsatz brachten – hätten sie ihn nicht für einen Selbstmordattentäter halten können? Und Sami fürchtete die Anklagen seiner Landsleute – stand er nicht im Verdacht, mit den Juden zu kollaborieren?

Es gibt sie glücklicherweise auf beiden Seiten, die Menschen, die Feindschaft, auch Hass und Groll auf die andere Gruppe überwinden und Brücken schlagen zum verfeindeten Gegenüber. Wir erinnern uns an den Palästinenser Ismail Khatib, dessen elfjähriger Sohn Achmed vom israelischen Militär im besetzten Westjordanland erschossen worden war. Khatib spendete die Organe des Sohnes und rettete damit fünf Kindern das Leben, die zur Nation seiner Feinde gehören.

Wir schauen auf den israelischen Psychologen, der jede Woche mehrere Stunden den Austausch mit seinen palästinensischen Studenten sucht. Und dem einer seiner Studenten bekannte: »Einst dachte ich, wie schade, dass Hitler nicht alle Juden umgebracht hat. Dann habe ich mit dir geredet und bin zusammen mit Juden nach Polen gefahren, um zu sehen, was geschehen ist.« Der so gesprochen hat, wollte sich dem Leid des Anderen stellen. So konnte er ein Mitgefühl entwickeln, das ihn erkennen ließ, wie tief die Angst vor Vernichtung in denen steckt, deren Übermachtgebaren ihm sonst als bloße Arroganz erschienen war.

Aber wie viele Menschen auf beiden Seiten sind imstande, den jeweils Anderen mitzudenken? Welche Chancen hat eine Friedenspolitik noch nach Jahren zunehmender Verhärtung?

»Klingt ja ganz schön«, schreibt Grossman, »mit Herzl zu sagen: ›Wenn ihr wollt, ist es kein Märchen‹, – aber was, wenn einer nicht mehr will? Oder wenn einer zum Wollen keine Kraft mehr hat?« Die größte Gefahr, sagt Grossman, zerstörerischer als die Bedrohung durch die Hamas, sei das »Dahinschwinden des israelischen Selbsterhaltungstriebs«. Wie lange kann man noch wollen, wenn man die Hoffnung verliert? Wie lange kann man durchhalten, wenn man sich allein gelassen fühlt und die Zahl der Freunde abnimmt?

Die Vereinigten Staaten gehörten zu den Freunden, erklärt Ora im Roman ihrem noch kleinen Sohn. Auch England zähle zu den Freunden. Über die übrigen Staaten Europas wischte ihr Finger auf der Landkarte aber nur noch grob hinweg. Und es versetzte mir einen Stich, dass WIR, dass Deutschland, in Grossmans Empfinden nicht zu den Freunden seines Landes gehören sollte.

Es war doch nicht allein der Philosemitismus meiner Generation, den Grossman bemerkt haben muss, es waren doch auch die vielfachen Bemühungen des westlichen Deutschland, deutsches Unrecht wieder gutzumachen. Und waren mit Generationsverzögerung Scham und Trauer nicht doch eingekehrt in unserem Land? Es waren doch Überlebende der Schoah zurückgekommen und Juden aus der Sowjetunion zugezogen. Deutschland – so denke ich – dürfte das letzte Land sein, das Israel Beistand und Solidarität aufkündigt.

Gerade weil uns Israel am Herzen liegt, gerade weil wir die Bedeutung von Heimat für ein Volk tief verstehen, das in der Diaspora verfolgt und schließlich von Deutschen sogar ausgerottet werden sollte, sehen wir uns in einer besonderen Pflicht, an seinem äußeren und inneren Frieden mitzuwirken.

Allerdings für Freundschaft gilt, was auch für Loyalität gilt: Kritik darf nicht als Gegensatz oder gar Feindschaft ausgelegt werden. Freundschaft ist manchmal sogar ernsthafter und verlässlicher, wenn sie die Kritik am Freund nicht scheut. David Grossman weiß es, wir nicht immer. Seine Geneigtheit des Herzens zu dem Land, das man *wollen* muss, macht seinen Verstand und sein Verständnis für die Interessen der Anderen nicht taub. Ich bewundere diese Fähigkeit, ich wünsche mir diese verständige Güte in meinem Leben wie in die Herzen der Verzweifelten, Aggressiven und Suchenden in Israel und Palästina!

*

David Grossman ist durch die Schicksalsschläge nicht erstarrt, apathisch geworden, nicht paralysiert. Er hat seine Handlungsfreiheit behalten oder manchmal vielleicht auch wieder gewinnen müssen. Nach dem Tod des Sohnes, nach der Trauerwoche kehrte er zu seinem Roman zurück und schrieb sich hinein in einen Ausweg, in das weitere Leben. Verzweifeln ist ein Luxus, den David Grossman sich nicht erlauben kann.

Nach ihm hängt es von uns, den Menschen, ab, ob der Hass die Oberhand gewinnt: in uns, und letztlich auch im öffentlichen Raum. Oder ob die vielen und tiefen Verletzungen und Demütigungen zwischen verschiedenen Völkern überwunden werden können, weil Menschen in Dialog miteinander treten. Begegnung hilft. Dialog hilft. Dialog mit dem Fremden, Dialog mit sich selbst. Um nicht in Hass und

Groll zu erstarren, um das Leid des Anderen zu erkennen und um im Anderen sich selbst zu begegnen.

Ich sehe David Grossman nicht als den Naiven, der meinen könnte, dass durch Brücken von Empathie und Verständnis Feindschaft total aufgelöst werden könnte. Aber selbst, wenn ihr nicht der Garaus gemacht werden kann, so kann ihr vielleicht doch eine Zeit des Moratoriums aufgezwungen werden, das die Suche nach dem Kompromiss, der den Frieden baut, bestärkt.

Es bleibt keine Alternative zum Dialog, zu Verhandlungen, zum Kompromiss. »Ich finde«, hatte bereits Ben-Gurion vor vielen Jahren gesagt, »dass nichts anderes übrig bleibt, als miteinander in die Zukunft zu gehen. Noch ist es zu früh, aber einmal werden wir einander vertrauen können.«

In diesem Geist wirkt David Grossman in Israel. Er erhält heute den Friedenspreis dafür, dass er sich unverdrossen weigert, Teil einer Vergeltungsmechanik zu sein und in seinem Land Verantwortung selbst in ›trüben‹ Zeiten trägt.

Es sind nicht wenige, besonders unter den Jungen, die überlegen, Israel heute den Rücken zu kehren, weil sie sich dem Land nicht mehr so verbunden fühlen wie die Menschen zu seiner Gründungszeit. Im Roman lässt Grossman den jungen Soldaten Ofer seiner Mutter ins Ohr flüstern: »Wenn ich umkomm, dann verlasst ihr das Land. Dann habt ihr hier nichts mehr verloren.« Auch Grossman und seine Frau haben sich gefragt, was gewesen wäre, wenn sie das Land verlassen hätten. Doch sie haben sich entschieden zu bleiben. Denn »Israel«, sagt Grossman, »ist der einzige Ort auf der Erde, wo ich mich nicht als Fremder fühle. Ich betrachte es als Privileg, am Aufbau dieses Landes beteiligt zu sein.« In der Mischna, der Basis des Talmud, heißt es: Wem ein Wunder widerfährt, der erkennt es nicht unbedingt als solches.

»Ich«, sagt Grossman, »erkenne das Wunder: Wir Juden haben einen Staat.«

*

Wir rühmen und preisen heute jene, die nicht weichen, sondern stehen. Wir rühmen und preisen David Grossman als einen von ihnen.

Danke David.

Du stehst vor deinem Goliath, dem alltäglichen Hass – angetan nicht mal wie einst mit einer Steinschleuder.

Aber du bist David.

Laudatory speech

Joachim Gauck

Ladies and Gentlemen,

I wish we had a man among us today, a man to whom I send my wishes from far but also wish I could have welcomed him here today. It is Liu Xiaobo, the Nobel Peace Prize Laureate.

My dear David Grossman, our very distinguished guest here today, it is truly a great honor and pleasure to have you here with us. For a long time now, you have been well-known to us and the wider world as a writer, an institution and a symbol of the peace movement. But, today, we are lucky enough to come face-to-face with the flesh-and-blood David Grossman. This meeting has been long-awaited. Although the hosts of this award ceremony and we, their guests, might give off the impression of being accomplished and decorated, we are secretly thirsting for something. Since we are always in danger of sweltering in the deserts of our time, we crave individuals whose thoughts and words – both spoken and on the page – allow us to at least hope that the future will bring peace and justice.

The Peace Prize of the German Book Trade honors individuals who give us something that is in such short supply. And with you, Mr. Grossman, the jury has found one of these *inspiring* individuals. In you, we find a power of words that leaves us in awe. But, even more so, we find incorruptibility, courage, a willingness to fearlessly look reality in the face and a firm will to not give up where others have lost hope. For these things, we thank you and congratulate you with all our hearts!

*

You once said that writers are primarily born from an urge to tell stories. That sounds simple enough. But, given political realities in Israel, this unavoidably forces you to enter a darker world. When facing the risk of being killed or wounded on a daily basis, hatred and despair can easily force people to become aggressive or apathetic. You also once said that, as a writer, you feel called upon to escape the stranglehold of what Israelis call the »the situation« and to reclaim the »right to individuality and uniqueness.«

You have chosen to not respond to fanaticism and violence with fanaticism and violence, and you have steadfastly refused to don the ragged uniform of hatred. But you have also chosen to not helplessly submit to a ›destiny‹, and you have focused on continually securing the internal freedom to follow an alternative path, and one that is your own.

That requires inner strength, because the military thread is extremely real. And even though, in certain situations, military force might be necessary to avert danger, a flagrant lack of appreciation and empathy, something you consider to be consistent, becomes normality far too easily.

And so, Ladies and Gentlemen, before us stands a man whose very existence provides an answer to our endless preoccupation with whether life can succeed. That's why having him here makes us happy. For, by coming into contact with such a unique person, we are able to believe in what we are capable of ourselves: People are not condemned to be victims of their circumstances. People have a choice. Even in the face of arbitrariness and dictatorship, people can still carve out for themselves a certain amount of freedom of action. »I discover that the mere act of writing about arbitrariness,« Grossman once said, »allows me to feel a freedom of movement in relation to it. That by merely facing up to the arbitrariness, I am granted freedom. [...] The freedom to express yourself differently, innovatively, before that which threatens to chain and bind one to arbitrariness and its limited, fossilizing definitions.«

I can relate to this sentiment very well. Despite our helplessness, I, as a citizen of the former German Democratic Republic (GDR), and many other people in Eastern Europe accomplished something similar: Though surrounded by lies, we lived an honest life.

After the excesses of blind allegiance and ideological infatuation, after murder, blood, disgrace and dishonor, most German just stood there like people who'd lost their way in a desert of ashes. And, after the war, in order to escape from turning inward and thinking about things that made them feel ashamed, they, too, allowed themselves to once again get caught up in the zeitgeist. Only a few of them were able to salvage an old insight from the ashes: Not conforming with the many makes us strong. And it makes us happy to not construct a reality in which contradictions are blurred while some are even shielded from our view, a reality in which anxiety, pain and guilt are suppressed. What animates and fulfills us much more is having an openness to the world, a willingness to open ourselves to others and to be open for others, and also a willingness to honestly confront all aspects of our own selves.

Your writing, Mr. Grossman, is both a model and guide for making this journey toward others and ourselves. By taking us along on a journey into the reality of your country, you take us with you into frightening feelings of despair, depression and hopelessness. But you also allow us to share in the comfort and the joy when, with you, we are allowed to realize that nothing stands still, that there are ways out of every situation, that there are experiences that heal. Doing so allows us to learn to think and act in a new and different way. We can actually win –through inner freedom.

*

Dear Mr. Grossman and honored guests!

It was a great hour of destiny for the Jewish people when, in 1947, the United Nations assured them that they would have their own country. Though the Cold War had already begun between their separate blocs, both America and the Soviet Union opposed any continuation of British mandate powers.

Already before this decision, Jews had started coming – a few of them legally, most of them illegally – on hastily arranged ships that the British often seized right off the coastline of Palestine. These were refugees from Europe who had survived the war – whether in the concentration camps, in the Soviet Union, in hiding, with false papers or in partisan units. There were Jews out of the camps for displaced persons in Germany and Austria, out of internment camps on Cyprus, out of Poland, out of Romania, out of Hungary. Many of them had become Zionists only out of necessity. Indeed, not all of them were excited about going to Palestine, that much-contested land. If these people had been given visas to go to the United States, they would have chosen to go there instead. Thus, though coming to this country was only their second choice, they still came. In this new state, the Jewish people – which had been scattered and decimated – could establish a new identity, a WE.

We all need this WE. It has to do with family, place, language, culture, religion, the nation, the state – in other words, with everything that ties us to our own people. And the more security it exudes, the less vulnerable it is. We are imprisoned by this WE. We might renounce it, repress it or relativize it, but the fate of *every* individual member of the WE is tied up with that of *all* its members. It sometimes happens that the wishes and longings of the individual – of the ME – match up with those of the WE. In 1989, we yelled »WIR sind das Volk« (»WE are the people«) in the streets and, in doing so, we succeeded in toppling the system, winning our freedom and reuniting Germany. Twenty years ago, destiny was on our side. At last, we were allowed and able to be at peace and surrounded by peaceful neighbors, as well.

44

When the state of Israel was founded, that was not the case. »We have waited for this moment for 2,000 years,« David Ben-Gurion said in a speech delivered on May 14, 1948, »and now it has come.« But now that the Zionist dream had finally come true, it was threatened by its Arab neighbors from the very first moments, and it collided with the Palestinians' desire to gain their own independence. From the very beginning, it has been a tragic situation.

Ever since, the Jewish people has been fighting a battle for its survival. Will it be us or them? Will we always have to fight to secure our right to exist, or will we succeed in creating a homeland that is more than just a refuge and a fortress?

Between 1948 and 2006, there were seven wars, seven wars in which the Jewish people has been forced to secure its right to exist through violence.

»When my country is attacked,« I recently read an Israeli psychologist say in an interview, »I have to defend myself, justify myself and battle myself, and I can't even critically examine myself anymore.« In situations like these, there is even strengthened validity to the old saying: »My country, right or wrong.« During World War II, many officers in Germany's military said the same thing – and they did so in a country that was not defending itself but, rather, had gone on the offensive to dominate others. Israel, on the other hand, seeks to coexist and cooperate with other peoples – but, still, it is confronted with the issue of guilt and reasonableness toward other peoples as well as with the issue of loyalty toward its own: Aren't I obligated to show unconditional loyalty to my country since I will perish with it if I don't? And, therefore, aren't I obliged to let my sons and daughters go to war, even if the government is waging it using means I disapprove of?

In Grossman's latest novel, »To the End of the Land,« one of the two main characters is Avram. When Avram is released from an Egyptian prison – his battered body covered with bruises, contusions, burns and breaks – one of the first things he asks after emerging from a coma-like state is: »Is there ... Is there an Israel?«

Then, speaking with a dry mouth, his girlfriend Ora responds: »Yes. There is. Of course. Everything. Everything's just as it was, Avram. Did you think we were...?«

At its narrowest point, Israel is only 15 kilometers wide. It only has a few million inhabitants. Israel is not England, and it's not America. As Grossman says, you have to *will* Israel if it is going to exist. But Grossman's loyalty is not self-subordination without criticism. He and other intellectuals in Israel show that, if you want to have a state worth defending, you need not only solidarity, but also freedom of opinion, disputes, democracy and justice. They believe in something attributed to the German revolutionary Carl Schurz. After the 1848/49 revolt in Baden was put down, Schurz immigrated to the United States, where he was free to pursue a career in politics and eventually became the first German-born American elected to the US Senate. In a 1872 speech to that body, Schurz reportedly said: »My country, right or wrong; if right, to be *kept* right; and if wrong, to be *set* right.«

Loyalty and criticism are not opposites. In fact, when correctly understood, you can't have one without the other. If only it weren't so much more easily said than done!

*

David Grossman let his first son, Jonathan, perform military service. David Grossman let his second son, Uri, perform military service. Uri was deployed in the Occupied Territories, where he went on patrols, participated in ambushes and manned checkpoints, and he also fought in the 2006 war in Lebanon. »At the time,« Grossman later explained, »I had the feeling – or, rather, a wish – that the books I was writing would protect him.« Like Ora, the mother of the young soldier in his most recent novel, Grossman felt like he could keep his son alive if he just kept talking about him, like he could banish death by exposing himself to its threat.

Just a matter of hours before a ceasefire ended the war, Uri Grossman was killed when his tank was struck by a missile. »When something like that happens to someone like that,« his father, David Grossman, later said, »you want vengeance, you hate and your whole range of emotions is wounded.« But, later, he felt that »whenever I yield to hatred, I feel that my son Uri is no longer near me.«

You have to *will* Israel, Grossman says, but in a way that isn't caught up with hatred. If policies are only focused on the »Us or them?« issue, when they only emphasize winning or losing, each victory merely becomes the cause of the next defeat. Something built upon hatred, debasement and humiliation only reaps revenge. »Saying ›no‹ is not a policy,« Grossman has written, »it's a mental fixation.«

»When two unreconciled individuals stand face-to-face with one another,« Grossman recently said, »you will see how two people who are generous and gentle and moral can become almost like two beasts. They become representatives of their people, and representatives tend to over-advocate; they advocate things that they don't believe in, things that they hate.«

The question is: Can we manage to escape this trap and, even in crisis situations, to realize the ›I‹ rather than just the representative of the WE? Do we have the courage to approach ›the other‹ and to remain united with and loyal to him even when our ›we‹ is aggrieved, injured or threatened and the ranks begin to close? During the war in Yugoslavia, how much strength did it take for a Serbian to not divorce his Croatian wife? And, during the Nazi era, how much strength did it take for an ›Aryan‹ man to not separate from his Jewish wife?

Hardly any of us here in the Church of St. Paul faces the crucial test of having to live life with divided loyalties. Grossman's »yes« to Israel – the country with which he has linked his own life and those of his children – is as absolute as it is critical. But it also leaves no doubt that his understanding of patriotism does not stand opposed to his unqualified affirmation of human rights, which instruct us to also have respect for how others think. It's a simple command, but a very difficult one to follow.

In the novel, was the Jewish mother, Ora, asking too much when she told her Palestinian driver, Sami, to take her and her son into the military camp where »the action« of the Israelis against the Arabs was supposed to start? Later, Ora admits that »He was dying of fear« and asks »How could I have done this to him?« Sami was afraid of the cars of the Jews surrounding him, which were bringing their most prized possessions to a dangerous mission. Couldn't they have mistaken him for a would-be suicide bomber? And Sami also feared the reproaches of his countrymen. Wasn't he suspected of having collaborated with the Jews?

Fortunately, there are people on both sides who can transcend the enmity, the hatred and the resentment toward the other group as well as build bridges to the enemies on the other side. We are reminded of the Palestinian Ismail Khatib, whose 11-year-old son, Ahmed, was shot by Israeli soldiers in the occupied West Bank. Khatib donated his son's organs, thereby saving the lives of five children belonging to the nation of his enemies.

We look to the Israeli psychologist who spends several hours every week talking with his Palestinian students. One of his students once confessed to him: »I used to think it was too bad that Hitler didn't kill all the Jews. Then I spoke with you and drove to Poland together with Jews to see what happened.« In saying that, he meant to confront the suffering of the other. In this way, he could develop some compassion that allowed him to see just how deep the fear of annihilation was in those whose air of superiority had once seemed to him like nothing but pure arrogance.

But how many people on both sides are really capable of taking each other's thoughts into consideration? What kind of chances do peace policies have after years of increasing hardening, which sometimes leads Grossman to yearn for a king or a firm hand from outside?

»Okay,« Grossman once wrote, »it's all very well to say, ›If you will it, it is no dream‹, as Herzl said, but what if you stop willing it? What if you can't be bothered to have the will anymore?« The biggest danger, Grossman says – and one that is more destructive even than the threat from Hamas – is the »a dwindling of the Israeli instinct to survive.« How long can you still will something when you've already lost hope? How long can you hold out when you feel abandoned and you have fewer and fewer friends?

In the novel, Ora explains to her young son how the United States is one of these friends, and England, too. She then whisks her finger very briskly over the rest of the countries in Europe. It shocked me a bit that Grossman felt that WE, that Germany, didn't number among his country's friends. Grossman couldn't have missed the philo-Semitism of my generation, I thought. He must have also noticed the various efforts that West Germany made to atone for German injustices. After skipping a generation, hadn't shame and sorrow come to our country? Survivors of the Shoah had come back and Jews had moved here from the Soviet Union. Germany – so I believe – would be the last country to renounce its support for and solidarity with Israel.

It is precisely because we care deeply about Israel, precisely because we understand what it means for a people that has been persecuted in the Diaspora – a people that Germans ultimately even tried to eradicate – to have a homeland of their own. Precisely for these reasons, we see ourselves as being particularly obligated to play an active role in securing external and internal peace for it.

But what holds true with loyalty also holds true with friendship: We cannot understand criticism as antagonism or even hostility. In fact, friendship can sometimes be more wholehearted and authentic if it doesn't shy away from criticism. David Grossman knows this; we sometimes don't. His love for the country that one has to will has numbed neither his mind nor his ability to understand the interests of others. I admire this ability. I long for this kind of wise generosity in my own life as well as in the hearts of the despairing, the aggressive and the searching in Israel and Palestine!

*

Though struck by personal misfortunes, David Grossman has not grown numb, not become apathetic, not been paralyzed. He has held on to his freedom of action – or perhaps occasionally even been forced to win it back. After his son's death, and after the week of mourning, he returned to his novel – and, in writing, he found an exit, a life that must go on. Despair is not a luxury that Grossman can allow himself.

As he sees it, it depends on us, on mankind, whether hatred will win the upper hand – both within us and, ultimately, in the entire world. And it depends on us whether we can overcome the many deep wounds and humiliations between different peoples by entering into a dialogue with each other. Interaction helps. Dialogue helps. Dialogue with »the

50

other,« dialogue with ourselves. It helps us numb the hatred and resentment, to realize the suffering of others and to encounter ourselves in the other.

I don't see David Grossman as one of those naïve types who believes we can completely dispel with all enmity if we just build bridges of empathy and understanding. But even if we can't do away with this enmity once and for all, perhaps we can force it to submit to a period of inactivity, which would strengthen attempts at reaching a compromise that could result in peace.

There are no longer any alternatives but dialogue, negotiation and compromise. Ben-Gurion already said many years ago that »nothing else is left but to go forward within each other into the future. It's still too early, but we will be able to trust each other someday.«

Today, this same spirit can be found in Israel in David Grossman. And, today, he is receiving the Peace Prize for having steadfastly refused to become part of the machinery of retribution and for having borne responsibility himself in his country and in these ›murky‹ times.

Today, there are many – particularly among the young – who are turning their back on Israel because they don't feel connected with the country anymore like people did during the time surrounding its founding. In his novel, Grossman has the young soldier Ofer whisper into his mother's ear: »If I'm killed, leave the country. Just get out of here, there's nothing here for you.« Grossman and his wife have also asked themselves what things would have been like if they had left the country. But they have decided to stay. As Grossman once said in an interview, this is because »Israel is the only place on Earth where I am not a stranger. I regard it as a privilege to take part in the creating this country.« In the Mishnah, upon which the Talmud is based, there is a phrase saying the one who has experienced a miracle does not necessarily recognize it as a miracle. I recognize the miracle: We Jews do have a state."

Today, we are praising and proclaiming those who stand their ground instead of yielding it. We praise and proclaim David Grossman as one of them.

*

Thank you, David.

You stand your ground before your Goliath, before everyday hatred – but not once have you done this with a slingshot, as it was before.

But you are still David.

Translated into English by The Hagedorn Group

Dankesrede

David Grossman

Meine Damen und Herren,

lieber Herr Joachim Gauck, ich danke Ihnen für Ihre so bewegende Rede. Eine Rede wie diese, gehalten von einem Menschen wie Sie es sind, ist nicht nur ein Kompliment, es ist zugleich eine verpflichtende wie hilfreiche Erklärung, für die ich Ihnen danke.

Sehr geehrter Herr Bundespräsident, sehr geehrter Präsident von Weizsäcker, sehr geehrter Professor Gottfried Honnefelder, sehr geehrte Frau Petra Roth, sehr geehrter Herr Botschafter, über die große Ehre, die Sie mir hier heute zuteil werden lassen, bin ich sehr dankbar und bewegt. Besonders möchte ich dem Stiftungsrat, der mich gewählt hat, und den früheren Friedenspreisträgern – Alfred Grosser, Karl Dedecius und Friedrich Schorlemmer – danken, die mich mit ihrer Anwesenheit beehren. Ich bin sicher, dass unter all den heute Anwesenden Sie am besten verstehen, was ich fühle, wenn ich hier stehe. Zudem möchte ich meinen Eltern in Jerusalem danken, meiner Familie, meiner Frau Michal, die heute hier ist, und meinen Kindern, meinen Freunden, meiner Agentin, all den hingebungsvollen Verlegern, Lektoren und Übersetzern, die mir von allen auf der Welt am teuersten sind und meinen Lesern, meinen Lesern auf der ganzen Welt. Vielen Dank Ihnen allen.

*

Als ich anfing, das Buch »Eine Frau flieht vor einer Nachricht« zu schreiben, wusste ich, ich wollte die Geschichte Israels erzählen, eines Landes, das sich seit über hundert Jahren – auch schon bevor es ein Staat wurde – im Kriegszustand befindet. Und ich wollte dies anhand der persönlichen, ganz privaten Geschichte vom Leben einer Familie tun.

Vielleicht stimmen Sie mir zu, dass das wirkliche, große Drama der Menschheit das Drama der Familie ist. Jeder und jede von uns ist Teil eines solchen Dramas, denn wir alle wurden einmal in eine Familie geboren. Ich denke, die bedeutendsten Dinge in der Geschichte der Menschheit haben sich nicht auf Schlachtfeldern ereignet, nicht in den Sälen der Paläste oder den Fluren der Parlamente, sondern in Küchen, in Kinder- und Schlafzimmern.

In meinem Buch wollte ich zeigen, wie der Konflikt im Nahen Osten und seine ganze Brutalität in die so zarte und verletzliche Blase des Familienlebens ausstrahlt und – unausweichlich – deren innerstes Gewebe verändert.

Ich versuchte zu erzählen, welche Anstrengungen Menschen, die in diesem, oder auch in jedem anderen anhaltenden gewalttätigen Konflikt gefangen sind, unternehmen, um in einer von Härte, Grausamkeit und Gleichgültigkeit bestimmten Situation, in der alles darauf angelegt ist, das Gesicht des Einzelnen auszulöschen, das komplexe feine Geflecht menschlicher Beziehungen, Sensibilität, Zartheit und Mitgefühl zu bewahren. Der Versuch, mitten im Krieg an all dem festzuhalten, erscheint mir wie das Vorhaben, mit einer Kerze in der Hand durch einen gewaltigen Sturm zu gehen. Erlauben Sie mir, Sie jetzt in diesen Sturm mitzunehmen, mit der Kerze in der Hand.

Wenn Sie mich im Zusammenhang mit dem israelisch-palästinensischen Konflikt nach meinem größten Wunsch fragen würden, würde ich natürlich sagen, dass er gelöst wird, dass Frieden herrscht. Doch dann würden Sie vielleicht weiterfragen: »Gehen wir davon aus, das geschieht noch lange nicht, *was wäre* bis dahin Ihr größter Wunsch?«

Nach einem Schmerz, den ich wegen dieser Annahme in Ihrer Frage sicher spüren würde, würde ich antworten: Ich würde gern lernen, mich all dem Entsetzlichen, all dem Unrecht, das dieser Konflikt uns im Großen und im Kleinen jeden Tag beschert, so weit wie möglich auszusetzen. Mich nicht davor zu verschließen, mich nicht zu schützen; nicht aufzuhören, mich von ihm verletzen zu lassen.

In einem andauernden Konflikt wie diesem Mensch zu sein, bedeutet für mich vor allem: hinschauen. Die Augen offenhalten, die ganze Zeit, so gut ich kann. Nicht immer habe ich die seelische Kraft dazu, aber ich weiß, ich muss darauf bestehen, zumindest zu wissen, was passiert, welche Dinge in meinem Namen getan werden, an denen ich, so sehr ich sie auch ablehne, dennoch beteiligt bin. Ich muss diese Dinge *sehen*, um zu reagieren, um mir und anderen zu sagen und aufzuschreiben, was ich ihnen gegenüber empfinde. Ich muss sie beim Namen nennen, mit meinen Worten, und darf mich nicht von den Wörtern und Formulierungen verführen lassen, meine Regierung, meine Armee, die Medien in meinem Land und außerhalb meines Landes, oder meine eigenen Ängste – oder auch mein Feind – mir diktieren wollen.

Und, was manchmal das Schwerste ist, auch wenn es trivial klingt: nicht vergessen. Der mir da gegenüber steht, mein heutiger Feind, der mich hasst und mich als Bedrohung seines Lebens sieht, ist auch ein Mensch; mit seiner Familie und seinen Kindern, mit seiner Auffassung von Gerechtigkeit und seinen Hoffnungen, mit seiner Verzweiflung und seinen Ängsten, mit seinem blinden Fleck.

*

Sie verleihen mir heute den ehrenvollen ›Friedenspreis‹. Ich möchte über Frieden reden, es ist lebensnotwendig, über Frieden zu reden. Zum Gespräch über den Frieden muss man immer wieder auffordern und, wie bei einer Massage, das Bewusstsein bei beiden, Israelis und Palästinensern, hervorholen. Es ist wichtig, an diesem verzweifelten und paralysierten Bewusstsein von Israelis und Palästinensern regelmäßig intensive Wiederbelebungsversuche vorzunehmen, da in ihren Augen das Wort »Schalom« schon beinahe gleichbedeutend ist mit einer Illusion oder Halluzination, wenn nicht gar mit einer Todesfalle.

Denn nach hundert Jahren Krieg, nach Jahrzehnten des Terrors und der Besatzung, glauben viele, zu viele Israelis und Palästinenser nicht mehr an die Möglichkeit oder die Option eines wirklichen Friedens – genau wie Sie sich vielleicht nicht mehr erinnern oder vorstellen können, was Krieg bedeutet. Sie wagen noch nicht einmal sich vorzustellen, wie ein Leben in Frieden aussehen könnte. Die meisten haben sich insgeheim damit abgefunden, dass es wohl so etwas wie ein Fatum gibt, welches sie alle dazu verurteilt, in endlosen Zyklen von Gewalt und Mord zu leben.

Wer aber die Möglichkeit des Friedens aufgegeben hat, ist schon geschlagen. Er hat das Schicksal des anhaltenden Krieges im Grunde über sich selbst verhängt. Manchmal muss man – und ganz gewiss von dieser ehrwürdigen Bühne – an das so Selbstverständliche erinnern, weil es eben nicht immer selbstverständlich scheint: Beide Seiten, Israel und die Palästinenser, haben Recht auf ein Leben in Frieden, ohne Besatzung, ohne Terror und Hass. Beide Seiten haben ein Recht, als einzelne und als selbständige Völker in ihrem souveränen Staat in Würde zu leben und von den Wunden zu genesen, die hundert Jahre Krieg ihnen geschlagen haben. Sie haben nicht nur ein Recht auf Frieden; sie sind – beide – existenziell auf Frieden angewiesen.

Über die Hoffnungen der Palästinenser in Bezug auf den Frieden kann ich nicht sprechen. Ich habe kein Recht, ihre Träume zu träumen. Das müssen sie selbst tun. Ich kann ihnen nur von ganzem Herzen wünschen, dass sie, nach der über Generationen andauernden Unfreiheit durch die Besatzung von Türken, Engländern, Ägyptern, Jordaniern und Israelis schon bald ein solches Leben der Freiheit und der Souveränität kennenlernen werden. Dass sie ihre Nation und ihren Staat als Demokratie errichten und ihre Kinder ohne Angst aufziehen können. Dass ihnen zuteil wird, was ein ruhiges Leben in Frieden einem jeden Menschen zu bieten hat.

Über *meine* Hoffnungen als Israeli und als Jude jedoch kann und darf ich reden.

*

›Friede‹ ist für mich nicht nur die Definition eines Zustands, in dem der Krieg mit all seinen Schrecken zu Ende sein und Israel umfassende und gute Beziehungen mit seinen Nachbarn haben wird. Das ist wichtig und existentiell, doch für mich und für Israel ist es nicht das Entscheidende. Das Entscheidende ist, dass wirklicher Friede für Israel die Aussicht bedeutet, in der Welt auf eine neue Art leben zu können. Die Aussicht, dass Israel nach und nach von den Verheerungen durch nahezu 2000 Jahre Exil, Verfolgung und Dämonisierung genesen wird. Vorausgesetzt, dieser zerbrechliche Friede wird tatsächlich andauern, Israel wird seine Existenz festigen und sein großes menschliches, geistiges und kulturelles Potenzial verwirklichen, dann würde jenes Gefühl existenzieller Fremdheit, existenzieller Einsamkeit, vergehen, das den jüdischen Menschen und das jüdische Volk unter den anderen Völkern immer begleitet hat.

Wenn es Frieden gäbe, hätte Israel endlich *Grenzen*. Das ist nicht trivial, schon gar nicht für ein Volk, das die meiste Zeit seines Bestehens verstreut unter anderen Völkern gelebt hat, und die meisten Katastrophen in seiner Geschichte eben aufgrund dieses Umstands erleben musste. Stellen Sie sich vor: Auch nach 62 Jahren hat Israel noch immer keine festen Grenzen. Seine Grenzen verschieben sich etwa alle zehn Jahre, weiten sich aus oder werden zurückgedrängt, mal unseretwegen, mal wegen unserer Nachbarn. Wer keine klaren Grenzen hat, gleicht einem, in dessen Haus die Wände sich fortwährend bewegen; einem, der keinen festen Boden unter den Füßen spürt. Einem, der kein wirkliches Zuhause hat.

Trotz seiner großen militärischen Stärke ist es Israel noch immer nicht gelungen, seinen Bürgern jenes natürliche, entspannte Gefühl zu geben, das ein Mensch hat, der sicher in seinem Land wohnt. Es ist – und das ist tragisch – Israel nicht gelungen, den jüdischen Menschen von seiner bitteren Grunderfahrung zu heilen: dem Gefühl, auf der Welt heimatlos zu sein.

Israel wurde errichtet, *damit der jüdische Mensch und das jüdische Volk eine Heimstätte bekommen sollten.* Dies war die große Vision, die zur Schaffung des Staates Israel führte. Doch so lange es keinen Frieden und keine anerkannten festen Grenzen und kein wirkliches Gefühl der Sicherheit gibt, werden wir Israelis hier nicht das Zuhause haben, das uns gebührt und das wir brauchen, *so lange werden wir uns in der Welt nicht beheimatet fühlen.*

Sie spüren wahrscheinlich: Bestimmte Worte bekommen, wenn sie von einem jüdischen Menschen und einem Israeli in Deutschland gesagt werden, einen anderen Resonanzraum als anderswo auf der Welt. Das, wovon ich rede, die von mir verwendeten Worte und der Pulsschlag des Erinnerns, den sie wecken, kommen aus der Wunde der Schoah und werfen ihr Echo zurück. Viele Dinge, die sich in Israel ereignen – sei es im privatesten Bereich, im Verhältnis des Menschen zu seinem eigenen Leben, zu seiner Familie und seinen Freunden, oder sei es im öffentlichen Bereich, im politischen und militärischen – stehen in diesem belasteten Dialog mit der Schoah und damit, wie die Schoah das jüdische und das israelische Bewusstsein geprägt hat. Und auch, was ich gerade hier in der Paulskirche sage, in der 1848 das erste in Deutschland frei gewählte Parlament tagte, welches das Fundament für die Demokratie legte, auch das kehrt, wie eine Brieftaube aus der Schoah, immer wieder ›dorthin‹ zurück.

Ohne unangebrachte Vergleiche zwischen völlig unterschiedlichen historischen Situationen anzustellen, mache ich mir klar, dass man gerade hier in Deutschland auch sehen kann, wie sich ein Volk nicht nur von der physischen Zerstörung erholt, sondern wie es von dem Ort, an dem die Menschlichkeit selbst zerbrochen wurde und all ihre Grenzen und Hemmungen übertreten und eingerissen wurden, aufgebrochen ist. Wie es noch einmal neu beginnt, sich auf ethische und demokratische Werte verpflichtet und seine Jugend zu einer Weltsicht des Friedens erzieht.

Kehren wir zurück zu unserer Situation im Nahen Osten: Nur Frieden könnte Israel von der tiefen Sorge seiner Bürger heilen, ob sie und ihre Nachkommen überhaupt eine Aussicht auf *Zukunft* haben. Ich denke, kein anderes Land auf der Welt lebt in einer so permanenten existenziellen Angst. Wenn Sie in einer deutschen Zeitung lesen, dass Deutschland staatliche Projekte für das Jahr 2030 plant, erscheint Ihnen das völlig normal und logisch. Kein Israeli würde so weitreichende Pläne machen. Wenn ich an Israel im Jahr 2030 denke, zuckt etwas in mir zusammen, als habe ich, indem ich es wage, mir ein so großes ›Stück‹ Zukunft zu erlauben, ein Tabu gebrochen...

Nur Frieden wird Israel ein Zuhause und eine Zukunft geben. Und nur Frieden wird es uns, den Israelis, ermöglichen, etwas zu erleben, was wir überhaupt nicht kennen: *Das Gefühl einer stabilen Existenz.*

Wer die meiste Zeit seiner Geschichte entwurzelt und auf stetiger Wanderschaft lebte, wer immer wieder verfolgt und vertrieben wurde, der schwebt zwischen Existenz und Auslöschung. Wer schon Tausende von Jahren so lebt, kann sich nach einer sicheren Existenz nur sehnen. Nach dem Gefühl, dass die Existenz seines Volkes in seinem Land sicher sei, dass es in seiner Erde verwurzelt sei, dass seine Grenzen geschützt und von der internationalen Gemeinschaft anerkannt sind. Dass seine Nachbarn es in ihrem Kreis akzeptieren, mit ihm Beziehungen knüpfen und es in das Geflecht ihres Lebens mit einweben. Dass es eine Zukunft hat. Dass es einen Ort hat auf der Welt.

In den vergangenen Tagen habe ich die Erklärungen der israelischen und palästinensischen Führer verfolgt und ich spürte die Bitterkeit, mit der sie an die hoffentlich wirklich ernst gemeinten Friedensverhandlungen herangehen. Ich möchte sie daran erinnern, dass weder Israel noch Palästina eine Heimat, eine sichere Zukunft und eine stabile Existenz haben werden, wenn ihr Gegenüber nicht genau dasselbe haben kann. In diesem Sinne sind die beiden Völker aneinander gebunden. Sie sind auf tiefe und zugleich fatale Weise miteinander verwoben und nur, wenn sie das begreifen, werden sie wirklich in der Lage sein, den Prozess wiederzubeleben.

Ich stehe hier und rede mit Ihnen über Frieden. Ist das nicht merkwürdig. Ich, der ich in meinem ganzen Leben noch keinen Augenblick wirklichen Friedens erlebt habe. Doch ich weiß etwas über Krieg. Deshalb denke ich, habe ich das Recht, hier über Frieden zu reden.

Schon viele Jahre spielen sich mein Leben und meine Bücher ununterbrochen in dieser Mischung aus Krieg und der Angst vor ihm und seinen Folgen ab, in einer Mischung aus Angst um Israel, Angst um meine Lieben, die hier leben, und dem Kampf um das Recht, in einem Zustand, in dem der Einzelne immer wieder durch den Krieg konfisziert und verstaatlicht wird, unheroisch und intim ein ganz privates Leben zu führen: der Sturm und die Kerze.

Je mehr ich erfahre, in welchen Tiefen dieses Leben-im-Krieg einen zerstört und korrumpiert, umso drängender wird mein Bedürfnis zu schreiben. Das ist mein Weg, auf meine Individualität zu pochen, auf mein Recht, »ich« und nicht »wir« zu sagen.

Es liegt im Wesen des Krieges, dass er die Nuancen, die die Besonderheit eines Menschen ausmachen, und das einmalige Wunder, das jeder Mensch darstellt, auslöscht. Und mit derselben Brutalität leugnet er auch die Ähnlichkeit der Menschen und alles, was sie als Mitwirkende am menschlichen Schicksal verbindet.

Das genaue Gegenteil von all dem geschieht in der Literatur, und zwar nicht nur beim Schreiben, sondern auch beim Lesen. Literatur ist die völlige Hingabe an den Einzelnen, an sein Recht, Individuum zu sein, und ebenso an seine Schicksalsgemeinschaft mit der gesamten Menschheit. Literatur ist ein Ausdruck des Staunens über das Geheimnis des Menschen, seine Komplexität, seinen Reichtum und seine Schatten.

Wenn ich schreibe, versuche ich mit aller Kraft, die Gestalten in meiner Geschichte aus ihrer anfänglichen Fremdheit und Vagheit herauszuholen, sie aus ihrer Umklammerung durch Stereotypen, aus gängigen Klischees und Vorurteilen zu befreien. Wenn ich eine Geschichte schreibe, kämpfe ich – manchmal über Jahre – darum, alle Seiten einer menschlichen Figur zu verstehen, *sie zu sein*. Den anderen aus sich selbst heraus zu verstehen. Die Art und Weise, wie ein Schriftsteller mit all seinen Sinnen, den Gefühlen und Empfindungen einer Figur, die er schafft, lauscht, hat etwas Zartes, geradezu Mütterliches. In seiner Bereitschaft, sich der Figur, über die er schreibt, schutzlos hinzugeben und ihr Mund zu sein, vergisst er, sich selbst zu schützen. Vielleicht ist dies der große Beitrag der Literatur für diejenigen, die im Krieg leben, und für jeden, der im Exil, in Fremdheit, Diskriminierung oder Armut lebt; in dem Gefühl, dass sein Ich dauernd ausgelöscht wird. Die Literatur vermag es, uns allen unser Menschengesicht zurückzugeben.

*

Meine Damen und Herren,

ich sprach zu Anfang meiner Rede von meinem Ausgangspunkt beim Schreiben des Buches »Eine Frau flieht vor einer Nachricht«. Vielleicht wissen Sie, es erzählt von einem israelischen Soldaten, der in den Krieg zieht, und dessen Mutter, gepackt von der Angst um sein Schicksal, von Zuhause flieht, damit die schreckliche Nachricht, falls sie denn kommt, sie nicht erreichen kann.

Drei Jahre und drei Monate nachdem ich mit dem Schreiben begonnen hatte, brach der zweite Libanonkrieg aus. Er begann mit einem überraschenden Angriff der Hisbollah auf eine israelische Militärpatrouille auf israelischem Gebiet. Am Abend des 12. August 2006, wenige Stunden vor dem Ende des Krieges, starb mein Sohn Uri zusammen mit den drei Männern seiner Panzerbesatzung durch eine Rakete der Hisbollah. Gerne würde ich Ihnen von Uri erzählen, aber das kann ich nicht. Nur so viel: Stellen Sie sich einen jungen Mann am Anfang seines Lebensweges vor, mit all seinen Hoffnungen, seinem Feuer, seiner Lebensfreude, mit der Arglosigkeit, dem Humor, den Wünschen eines jungen Mannes. So war er. Und so waren Tausende und Abertausende anderer Israelis, Palästinenser, Libanesen, Syrer, Jordanier und Ägypter, die ihr Leben in diesem Konflikt verloren haben und weiterhin verlieren.

Einen Tag nach dem Ende der Trauerwoche kehrte ich an den Schreibtisch zurück und schrieb mein Buch weiter.

Wenn einem Menschen ein Unglück widerfährt, hat er das Gefühl, im Exil zu sein. Er wurde vertrieben von allem, worauf er früher vertraute und baute, von allem, was er glaubte, von der gesamten Geschichte seines Lebens. Plötzlich ist für ihn nichts mehr selbstverständlich.

Für mich war die Rückkehr zum Schreiben nach dem Unglück eine instinktive Reaktion. Ich hatte das Gefühl, das Schreiben könnte der Weg sein, auf dem ich – in gewissem Sinne – aus dem Exil zurückkehren würde.

Ich kehrte zum Schreiben zurück. Zurück zu meiner Geschichte, die auf merkwürdige Weise einer der wenigen Orte in meinem Leben war, die ich noch verstehen konnte. Ich setzte mich an meinen Schreibtisch und begann, die zerrissenen Fäden in meiner Geschichte wieder miteinander zu verknüpfen. Nach einigen Wochen spürte ich zum ersten Mal und mit einem gewissen abgründigen Staunen wieder die Lust am Schreiben. Da ertappte ich mich plötzlich dabei, wie ich wieder stundenlang nach dem richtigen Wort für ein bestimmtes Gefühl suchte, das ich beschrieb. Ich merkte, ich war nicht bereit, mich mit einem anderen Wort zu begnügen, das nicht exakt die ganze Bandbreite dieses Gefühls wiedergab. Für einige Augenblicke staunte ich sogar, dass etwas so Geringfügiges mich überhaupt beschäftigte, während um mich herum die Welt untergegangen war. Doch als ich das richtige Wort gefunden hatte, empfand ich eine Befriedigung, von der ich geglaubt hatte, ich würde sie nie mehr im Leben empfinden können: das Gefühl, in dieser chaotischen Welt eine Sache so zu machen, wie sie gemacht werden muss. Immer wieder kam ich mir vor wie ein Mensch nach einem Erdbeben: Er kriecht aus den Trümmern seines Hauses, schaut sich um, setzt sich auf die Erde und beginnt, wieder Steine aufeinanderzulegen.

Da saß ich und schrieb. Langsam kehrte die Lust an der Phantasie und am Erfinden zurück, und auch der Spieltrieb, der jedem kreativen Schaffen innewohnt. Ich erfand Gestalten, hauchte ihnen Leben, Wärme und Phantasie ein, die ich nicht mehr in mir vermutet hatte. Ich gab ihnen eine Realität und einen Alltag. Ich entdeckte in mir wieder den Wunsch, alle Nuancen eines Gefühls, einer Realität, alle Feinheiten einer Beziehung zu berühren und mich nicht vor dem Schmerz zu fürchten, den solche Berührung manchmal hervorruft.

Wieder entdeckte ich, dass das Schreiben für mich der beste Weg ist, gegen Willkür zu kämpfen – gegen jedwede Willkür – und gegen das Gefühl, ihr hilflos, als Opfer ausgeliefert zu sein. Ich habe gelernt: Es gibt Situationen, in denen die einzige Freiheit, die einem bleibt, die des Beschreibens ist: Die Freiheit, mit eigenen Worten das Schicksal zu beschreiben, das über einen verhängt ist. Manchmal kann dies auch der Weg sein, aus seinem Opferdasein herauszukommen.

Das trifft auf den einzelnen Menschen zu, aber auch auf Gesellschaften und Völker. Ich wünsche mir, dass mein Land, Israel, die Kraft finden wird, seine Geschichte noch einmal neu zu schreiben. Dass es lernen wird, seiner Geschichte und seiner Tragödie auf eine neue Art und Weise zu begegnen und sich aus ihr heraus noch einmal neu zu erschaffen. Dass wir die erforderlichen Seelenkräfte finden, um die wirklichen Gefahren, die auf uns lauern, von dem gewaltigen Nachhall der Unglücke und Tragödien, die uns in der Vergangenheit heimsuchten, zu unterscheiden. Auf dass wir nicht mehr Opfer werden, nicht unserer Feinde und nicht unserer eigenen Ängste.

Auf dass wir endlich nach Hause kommen.

Herzlichen Dank und Schalom.

Aus dem Hebräischen von Anne Birkenhauer

Acceptance speech

David Grossman

Shalom and good morning to all of you.

Thank you, Joachim Gauck, for your gracious and inspiring words. Words like that coming from a person as yourself are not only a compliment but also a committing declaration, an obliging one, thank you for that.

Mr. President, President von Weizsäcker, Professor Gottfried Honnefelder, Mrs. Petra Roth, the Israeli ambassador – I am deeply grateful and touched for the great honor that you are bestowing upon me today. I would also like to thank the distinguished board of the jury who gave me this prize and also the distinguished previous winners of the Peace Prize who are attending the celebration today: Alfred Grosser, Karl Dedecius and Friedrich Schorlemmer. I am sure that from all the people here you know exactly what I feel when I stand here now. In this same spirit of gratitude I also wish to thank my family, my parents, who are in Jerusalem right now, my wife Michal, she is here, and our children, my friends, my agent and all my dear and devoted publishers and editors and translators and readers, readers from all over the world. My deepest thanks to every one of you.

*

Ladies and Gentlemen,

when I began to write the book »To the End of the Land«, I knew that I wanted to tell the story of Israel, which for more than a century – even before it became a state – has been in a state of war, and I knew that I would like to do it through the personal and intimate story of one family.

Perhaps you will agree with me that the greatest drama of humanity is the drama of the family. Each and every one of us is a participant in such a drama, for each of us is born into a family. In my view, the most significant moments that happened in human history have not occurred on battlefields or royal palaces or the chambers of parliament, but rather in kitchens and bedrooms and the rooms of children. And in my book I tried to show how the Middle East conflict ›projects‹ itself, its brutality, into the tender, the fragile bubble of family life, and how it inevitably alters its innermost texture.

I tried to describe how people trapped inside this conflict, or in any other long and violent conflict, struggle to preserve the delicate weave of human relations, of tenderness, sensitivity, compassion, within a situation that is all about toughness and cruelty and indifference, and the effacement of the individual self. Sometimes I compare the struggle to preserve these things to walking with a candle in one's hand in the midst of a raging storm. Please allow me to take you now into that storm, with a candle in hand.

If you were to ask me, what is my greatest wish for the Israeli-Palestinian conflict, I would say, of course, that I want it to be resolved and come to an end, and peace to prevail. But then you might persist and ask me, »Let's assume that it will not end for quite some time – what would be your greatest wish till then?«

And after the pang of pain I would surely feel because of your question, I would reply that I want to learn to be as exposed as possible to the horrors and the evils, large and small, that the conflict creates on a daily basis, without sealing myself off in self-defense.

For me, to be a human being – a *mensch* in the fullest sense of the word – in the midst of this ongoing conflict means mainly to look and to see, to keep my eyes open all the time, as much as I can – and I can't always, I don't always have enough inner strength – but I know that I must, at least, insist on knowing what is going on, what things are being done in my name that I am part of, even if I absolutely do not condone them. To *see* these things, in order to react, in order to say or to write – to myself and others – what I feel about them. To put my own names and words on them, and not be tempted to settle for the names and words that my government, or my army, or the media of my country or out of my country, or my enemy, or my own fears try to dictate to me.

And to remember – and sometimes, even if it sounds trivial, this is the hardest part – to remember that the one who opposes me, my enemy of today, who hates me and sees me as an existential threat to himself, he too is a human being, with his own family and children, his own hopes and ideas of justice, with his despair and his fears, his blind spots.

*

Today you are awarding me the Peace Prize, a very great honor, and I want to talk about peace. It is imperative to talk about peace, to insist on talking about peace, even to make a kind of massage to the consciousness, the freightening consciousness of Israelis and Palestinians who are paralyzed by despair, for whom by now ›peace‹ is a synonym for an illusion or hallucination, or even for a death trap.

After a hundred years of war, and decades of terrorism and occupation, too many Israelis and Palestinians no longer believe in the possibility, the option of real peace – exactly as maybe you here cannot even imagine or think about the situation of war. They do not even dare to imagine what living in peace might look like. Most of them have become reconciled to their condition, as if sentenced to live all their lives in endless cycles of violence and killing.

But someone who despairs of the chance for peace has already been defeated, and has consigned himself to the fate of never-ending war. And sometimes – and this occasion is surely one of those times – one needs to restate the obvious – because it is not always obvious: both sides – Israel and the Palestinians – have the right to live lives of peace, free of occupation, free of terrorism and free of hatred. Both deserve to live in dignity as individuals and as independent peoples in their own sovereign states, and to recover from the wounds of a hundred years of warfare. Not only do they deserve this: both peoples urgently need peace, in order to sustain their very existence.

I cannot speak about the hopes of the Palestinians for peace. I have no right to dream their dreams. They should do it. I can only wish them, from the bottom of my heart, that they will soon experience lives of freedom and sovereignty, after generations of subjugation at the hands of the Turks, British, Egyptians, Jordanians, and Israelis; that they will build their state as a democracy, that they will be able to raise their children without fear. That they will enjoy those things that normal life, a life of peace, can give to anyone, anywhere.

Let me now speak about *my* hopes as an Israeli and as a Jew.

*

For me, ›peace‹ is not only a definition of a situation whereby all acts of war will cease and Israel will have full and productive relations with its neighbors. This if of course important, essential, but for me and for Israel this is not the heart of the matter. The heart of the matter is that a true peace, for Israel, means a chance for a new way of being in the world. A chance that Israel will slowly recover from the distortions inflicted by almost two thousand years of expulsions and persecution and demonization. And perhaps – a great many years from now, if this fragile peace will in fact endure, and if Israel can be confident about its continuing existence, and make the most of its great human, spiritual and cultural potential – then the Jews will no longer feel, as individuals and as a people, the sense of existential loneliness and strangeness they long felt among the other nations.

If peace will come, Israel, at long last, will have *borders*. This is not a trivial matter, especially not for a people who for most of its history was scattered among other nations, a condition that gave rise to a great many of the disasters that befell it. Imagine this: for 62 years now, Israel has not had permanent borders. Its borders shift their shape, expanding and receding from one decade to the next. In our world, a country without clear borders is like a person who lives in a house with walls that never stop moving, with the ground always shaking under his feet. Someone without a real home.

Despite its great military might, Israel has not yet succeeded in providing its citizens with the natural sense of serenity that is experienced by someone who is firmly rooted in his home and his country. Tragically, Israel has not yet succeeded in healing a fundamental wound in the Jewish soul – the bitter sense of never feeling fully at home in the world.

Israel was established *so there would be a home for Jews and for the Jewish people.* Indeed this was the great vision that led to the creation of the State of Israel. But so long as there is no peace, and no fixed and recognized borders, and no sense of genuine security, we the Israelis will not have the home we need and deserve. *We will not feel at home in the world.*

By now I guess that you have surely sensed it: certain words, spoken by an Israeli Jew in Germany, resonate in a unique echo chamber, as nowhere else in the world. The things I am talking about here – the words I am using, the throbbing of the memories they arouse – emanate from the open wound of the Shoah, the Holocaust, and return again to it. Many things that take place in Israel – whether in the most intimate circles of friends and family, or in the public arena, the army or the government – are locked into a highly charged dialogue with the Shoah, with the way it has molded Jewish and Israeli consciousness. And so the words that I speak here, in St. Paul's Church – where the first freely elected German parliament was assembled in 1848, paving the way for modern German democracy – my words too, like the homing pigeon of the Holocaust, go back *there*, to the darkest days.

Without suggesting the slightest comparison between historical situations that are utterly different, I also remind myself that it is here, in Germany, that one can see how a nation can not only rebuild itself from physical ruin, but can also rise up from the place where humanity itself was shattered to bits, where all its boundaries and limits were transgressed, and commit itself to values of democracy and morality, and educate its youth in a world-view of peace.

Let us return to the reality of life in the Middle East. Only peace could heal Israel from the profound anxiety that flutters in the heart of its citizens over whether the country will have a future. I cannot think of another country on earth that lives with this kind of permanent existential fear. If you read in the newspaper that Germany is planning a major national project for the year 2030, it seems logical and natural. But no Israeli makes plans that long in advance: when I think about Israel in the year 2030, I feel a sort of twinge in my heart, as if I have violated some taboo, by daring to allow myself such a large portion of future...

Only peace will give Israel the home and the future for generations to come. And only peace will allow Israelis to experience a situation – or a feeling – that we have never felt before: *the solidity of existence.*

Those who have been uprooted, persecuted and exiled during most of their history, who have wandered the earth, hovering between life and death, who have lived this way for millennia, yearn for a feeling of solid existence – the feeling of a people whose existence in its land is assured. The feeling of a nation planted on its own soil, whose borders are secure and acknowledged by the international community, whose neighbors accept its presence and weave it into the fabric of their lives. The feeling that an entire future lies before it – that finally, it is fully at home in the world.

I was listening in the last days to the declarations of both leaders from Israel and from Palestine and I see the sourness with which they are approaching the hopefully would-be peace process. And I want to remind them, that neither Israel nor Palestine will have a home, a secured future and solidity of existence if their neighbours will not have exactly the same. Even in that sense both peoples are tight, are inter-volving together in a deep and even in a fatal way and only if they recognize it, they will be able to really start their process of recovery.

I stand here and speak to you about peace. Isn't it strange: I, who have not known a moment of real peace in my entire life, should come to tell you about peace? But from what I know of war, I claim the right to speak about peace.

For many years, my life, and my books, have taken place within this mixture of war and the fear of its consequences, of anxiety for Israel and for my loved ones who live there, of the struggle for the simple right to lead a private, intimate, unheroic existence in a place where personal lives are matter-of-factly nationalized and confiscated by war: the storm and the candle.

And the more aware I become of the profound destructiveness and corruption of war, the more I feel a great personal need to write, as a way of staking my claim to individuality, demanding my right to say »I« and not »we.«

War, by its very nature, eradicates the nuances that create the uniqueness of the private individual, the singular miracle of each human being. With equal violence, war also denies the similarities among people, the things that make us equal partners in human destiny.

Literature – not just the writing of books, but the act of reading them too – is the opposite of all that. It is fully dedicated to the individual, to his or her right to individuality and to participation in the common destiny of mankind. Literature is an expression of infinite wonder at the mystery of the human being, his complexity, his richness, his shadows.

When I write, I try my best to redeem every character in my stories from vagueness or obscurity, from the grip of stereotype and cliché and preconceived notions. When I write a story, I struggle – sometimes for years – to understand every aspect of a single human being from within, to *become* that person, to understand the other from within. There is something tender, almost motherly, in the way that an author is completely attentive to the currents of feeling and sensation that flow through a character that he or she has created. There is a degree of self-abandonment in the willingness of an author to devote himself, bare and unprotected, to a character he is writing about, to give it voice. Perhaps this is the great gift that literature can give to someone who lives in the midst of war, or in any condition of alienation, poverty, discrimination, or exile, to anyone who feels that his selfhood is being relentlessly expunged: literature has the ability to restore our human face.

*

Ladies and Gentlemen,

I began by telling you how I started to write the book »To the End of the Land«. Perhaps you know that it is the story of an Israeli soldier who goes to war, and of his mother who is so fearful that she runs away from her home so that any terrible news cannot reach her. Three years and three months after I began to write, the Second Lebanon War broke out. It began with a surprise attack by the Hizbullah against an Israeli military patrol operating within Israeli territory. On Saturday night, August 12, 2006, just a few hours before the end of the war, my son Uri was killed with three other members of his crew when a missile fired by Hizbullah hit their tank. I will say only this: think of a young man, just starting out in life, with all the hope and enthusiasm and joy of life and innocence and humor and dreams of youth. That is how he was, and so too thousands and tens of thousands of others, Israelis and Palestinians and Lebanese and Syrians and Jordanians and Egyptians who lost and continue to lose their lives in this conflict.

The day after the *shiva*, the seven-day period of mourning, I went back to writing my book.

When a person is hit by disaster, one of the strongest feelings is a feeling of exile. You feel exiled from everything you trusted before, from everything you believed, from the entire story of your life. Suddenly, nothing can be taken for granted. For me, the return to writing after the disaster was an instinctive act: an affirmation that writing would be the way through which I could – in a certain sense – come back from exile.

I went back to writing. I went back to my story, which in a strange way remained one of the only places in my life that I could still understand. I sat at my desk and started to reconnect the threads that were torn in the story. After a few weeks I began to sense, with a certain amazement, the joy of writing. I again found myself searching for hours for a word that would precisely fit a certain feeling I was describing. I realized that I was unwilling to be content with a different word that was not completely faithful to that feeling. At times I even wondered why such minor things interested me at all, while all around me a world had been destroyed. But when I found the right word, I felt a satisfaction that I thought I would never feel again – the satisfaction of doing something properly in this chaotic world. Sometimes I felt like a man after an earthquake: he emerges from the ruins of his home, looks around, sits down on the ground, and begins again to lay one brick on top of another.

I sat and I wrote. Little by little, the pleasure of imagination and invention returned, the sense of play and discovery that fuel the whole writing process. I invented characters, infused them with life and warmth and imagination that I thought I no longer had. I gave them a reality and a routine. I discovered within myself a renewed desire to touch every nuance of feeling and reality and relationship, and not fear the pain that sometimes came with the touch. Once again I discovered that for me, writing is the best way to fight against arbitrariness of any kind, and against the feeling that I am its helpless victim. I learned that there are situations where a person's only freedom is the freedom to describe, in his own words, the fate that has befallen him. Sometimes, this is also the way by which a person can cease to be a victim.

This is true for the individual, and I believe it is also true for societies and nations. I can only hope that my country, Israel, will find the strength and courage to write its story anew. That it will know how to face its tragic history in a new way, and to recreate itself from within it. That we, the Israelis, may muster the inner resources to tell the difference between the real dangers that do lie before us and the powerful echoes of the disasters and tragedies that befell us in the past. May we be victims no longer – neither of our enemies, nor of our own fears.

May we finally – at long last – come home.

Thank you very much and *shalom.*

Translated from the Hebrew by Stuart Schoffman

Bibliographie / Bibliography

Ausgewählte Werke des Friedenspreisträgers
Selected books by the laureate

»Eine Frau flieht vor einer Nachricht« Roman
Aus dem hebräischen Original »Isha Borachat Mi-Besora« (2008) von
Anne Birkenhauer (engl. »To the End of the Land«, 2010)
Carl Hanser Verlag, München 2009, 736 Seiten

»Die Kraft zur Korrektur. Über Politik und Literatur« Essays
Aus dem Hebräischen von Vera Loos und Naomi Nir-Bleimling (engl.
»Writing in the Dark«, 2008)
Carl Hanser Verlag, München 2008, 152 Seiten

»Löwenhonig. Der Mythos von Samson« Roman
Aus dem hebräischen Original »Dvash Araiot« (2005) von Vera Loos
und Naomi Nir-Bleimling (engl. »Lion's Honey: The Myth of
Samson«, 2006)
Berlin Verlag, Berlin 2006, 128 Seiten
Deutscher Taschenbuch Verlag, München 2007, 128 Seiten

»Das Gedächtnis der Haut« zwei Novellen
Aus dem hebräischen Original »Ba-Guf Ani Mevina« (2002) von Vera
Loos und Naomi Nir-Bleimling (engl. »Her Body Knows«, 2005)
Carl Hanser Verlag, München 2004, 330 Seiten
Fischer-Taschenbuch-Verlag, Frankfurt am Main 2006, 320 Seiten

»Diesen Krieg kann keiner gewinnen. Chronik eines angekündigten Friedens« Essays
Aus dem hebräischen Original »Mavet Ke-Derech Chaim« (2003) von Vera Loos und Naomi Nir-Bleimling (engl. »Death as a Way of Life«, 2003)
Carl Hanser Verlag, München 2003, 200 Seiten
Fischer-Taschenbuch-Verlag, Frankfurt am Main 2006, 200 Seiten

»Wohin du mich führst« Roman
Aus dem hebräischen Original »Misheu Larutz Ito« (2000) von Vera Loos und Naomi Nir-Bleimling (engl. »Someone To Run With«, 2004)
Carl Hanser Verlag, München 2001, 448 Seiten
Deutscher Taschenbuch Verlag, München 2003, 448 Seiten

»Eine offene Rechnung« Erzählungen (Kinderbuch)
Aus dem Hebräischen von Mirjam Pressler
Carl Hanser Verlag, München 2000, 112 Seiten
Deutscher Taschenbuch Verlag, München 2005, 112 Seiten

»Sei du mir das Messer« Roman
Aus dem hebräischen Original »She-Tihi Li Ha-Sakin« (1998) von Vera Loos und Naomi Nir-Bleimling (engl. »Be My Knife«, 2002)
Carl Hanser Verlag, München 1999, 408 Seiten
Fischer-Taschenbuch-Verlag, Frankfurt am Main 2003, 408 Seiten

»Joram und der Zauberhut. Gutenachtgeschichten« (Kinderbuch)
Aus dem hebräischen Original »Itamar-Ve-Kova Ha-Ksamim Ha-Shahor« (1992) von Mirjam Pressler, mit Bildern von Jacky Gleich
Carl Hanser Verlag, München 1998, 80 Seiten

»Zickzackkind« Roman
Aus dem hebräischen Original »Yesh Yeladim Zig-Zag« (1994) von
Vera Loos und Naomi Nir-Bleimling (engl. »The Zig-Zag Kid«, 1997)
Carl Hanser Verlag, München 1996, 432 Seiten
Deutscher Taschenbuch Verlag, München 2000, 448 Seiten

»Der Kindheitserfinder« Roman
Aus dem hebräischen Original »Sefer Ha-Dikduk Ha-Pnimi« (1991)
von Judith Brüll (engl. »The Book of Intimate Grammar«, 1994)
Carl Hanser Verlag, München 1994, 544 Seiten
Fischer-Taschenbuch-Verlag, Frankfurt am Main 2003, 496 Seiten
Deutscher Taschenbuch Verlag, München 2007, 624 Seiten

»Der geteilte Israeli. Über den Zwang, den Nachbarn nicht zu
verstehen«
Aus dem hebräischen Original »Nochahim Nifkadim« (1992) von
Barbara Linner (engl. »Sleeping on a Wire: Conversations with
Palestinians in Israel«, 1993)
Carl Hanser Verlag, München 1992, 278 Seiten

»Joram schreibt einen Brief. Zwei Geschichten« (Kinderbuch)
Aus dem Hebräischen von Mirjam Pressler
Carlsen Verlag, Hamburg 1991, 43 Seiten

»Stichwort: Liebe« Roman
Aus dem hebräischen Original »Ayien Erech: Ahavah« (1986) von
Judith Brüll (engl. »See Under: Love«, 1989)
Carl Hanser Verlag, München 1991, 616 Seiten
Fischer-Taschenbuch-Verlag, Frankfurt am Main 2004, 624 Seiten

»Joram wünscht sich was. Zwei Geschichten« (Kinderbuch)
Aus dem Hebräischen von Mirjam Pressler
Carlsen Verlag, Hamburg 1990, 43 Seiten

»Ein spätes Duell« Kinderbuch
Aus dem hebräischen Original »Du-Kr'av« (1982) von Mirjam Pressler
(engl. »Duel«, 1999), mit Zeichnungen von Matthias Berthold
Carlsen Verlag, Hamburg 1990, 109 Seiten
Ravensburger Buchverlag, Ravensburg 1994, 125 Seiten

»Gan Riki« [Rikis Kindergarten] Theaterstück
Hakibbutz Hameuchad, 1988

»Das Lächeln des Lammes« Roman
Aus dem hebräischen Original »Hiuch Ha-Gedi« (1983) von Judith
Brüll (engl. »Smile of the Lamb«, 1990)
Carl Hanser Verlag, München 1988, 376 Seiten
Fischer-Taschenbuch-Verlag, Frankfurt am Main 2003, 374 Seiten

»Der gelbe Wind Die israelisch-palästinensische Tragödie«
Reportagensammlung
Aus dem Amerikanischen von Jürgen Benz (orig. »Ha-Zeman Ha-
Tzahov«, 1987, engl. »The Yellow Wind«, 1988)
Kindler Verlag, München 1988, 223 Seiten

»Ratz« [Der Läufer] Kurzgeschichten
Hakibbutz Hameuchad, 1983

Biographie

Stationen des Lebens

David Grossman, geboren 1954 in Jerusalem, zählt zu den einflussreichsten Schriftstellern und Journalisten Israels. In seinen Romanen und Erzählungen, Essays und Kinderbüchern, die in mehr als dreißig Sprachen übersetzt und vielfach ausgezeichnet wurden, setzt er sich vor allem mit der Identität seines Landes und dem israelisch-palästinensischen Konflikt auseinander. Er beteiligt sich zudem aktiv an der politischen Debatte um eine friedliche Lösung im Nahen Osten.

David Grossman beginnt 1975 nach seinem Militärdienst, Philosophie und Theaterwissenschaften an der Hebräischen Universität Jerusalem zu studieren. Nebenbei arbeitet er als Nachrichtenredakteur, Hörspielautor und -sprecher beim öffentlich-rechtlichen Rundfunk des Landes. Schon vor seinem Universitätsabschluss im Jahr 1979 schreibt er erste Kurzgeschichten und veröffentlicht 1983 mit »Das Lächeln des Lammes« (dt. 1988) seinen ersten Roman. Die Geschichte über drei Israelis und einen alten Araber spielt vor dem Hintergrund der besetzten Gebiete und wird aufgrund seiner Direktheit und Intensität von der Kritik gelobt. Mit dem 1986 erscheinenden Roman »Stichwort: Liebe« (dt. 1991) über die zweite nachfolgende Generation der Opfer der Shoah, in dem er mit den Mitteln der Groteske, des Märchens und des Fantastischen das Unfassbare zu beschreiben versucht, belebt Grossman die Diskussion darüber, ob und wie die Shoah literarisch zu verarbeiten sei. Dieser Roman und die Veröffentlichung seiner Reportagensammlung »Der gelbe Wind« (1987, dt. 1988) über das Verhältnis zwischen Israelis und Arabern machen ihn weltweit bekannt.

Als er sich 1988 weigert, seine Berichterstattung über die Unabhängigkeitserklärung der Palästinenser zensieren zu lassen, bei der Jassir Arafat erstmals indirekt von einem Existenzrecht Israels spricht, wird David Grossman von seinem Arbeitgeber fristlos entlassen. Fortan konzentriert er sich ganz auf die Schriftstellerei und veröffentlicht in den folgenden Jahren Romane wie »Der Kindheitserfinder« (1991, dt. 1994) und »Sei du mir das Messer« (1998, dt. 1999), in denen er die Komplexität des Lebens in der heutigen Welt beschreibt, sowie zahlreiche Kinder- und Jugendbücher wie »Zickzackkind« (1994, dt. 1996) und die Geschichten über Joram (1990, 1991 und 1992). Mit seinen politischen Essays über die Situation von in Israel lebenden Arabern, die er in dem Buch »Der geteilte Israeli« (1992) veröffentlicht, geht Grossman den Problemen des Zusammenlebens auf den Grund. Zunehmend setzt er sich als Unterstützer der Genfer Initiative auch in seinen politischen Kommentaren für eine Verständigung zwischen Israelis und Palästinensern ein und dokumentiert in der Essaysammlung »Diesen Krieg kann keiner gewinnen. Chronik eines angekündigten Friedens« (2003) seine wachsende Enttäuschung darüber, dass der Konflikt zwischen Israelis und Palästinensern nicht gelöst werden kann.

Die Haltung der jeweils Andersdenkenden zu verstehen und zu beschreiben, ist eine der Antriebsfedern für sein politisches Engagement und beeinflusst die Themen seiner literarischen Arbeiten. In dem Jugendroman »Wohin du mich führst« (2000, dt. 2001) über einen

Jungen, der sich von einem Hund auf der Suche nach dessen Besitzer durch Jerusalem führen lässt, und in »Löwenhonig« (2005, dt. 2006), einer Nacherzählung der biblischen Geschichte von Samson, sind Bezüge zur Situation, in der sich die israelische Gesellschaft befindet, offensichtlich. Bei Ausbruch des Zweiten Libanonkriegs 2006 fordert David Grossman mit Amos Oz, Abraham B. Jehoshua und anderen Schriftstellern eine Waffenruhe zwischen Israel und Libanon. Einige Tage später wird sein Sohn Uri von einer Rakete der Hisbollah getötet. Diese leidvolle Erfahrung versucht er in seinem Roman »Eine Frau flieht vor einer Nachricht« (2008, dt. 2009) zu verarbeiten. In dem als sein epochales Hauptwerk bezeichneten Roman erzählt er von einer Frau und ihrem verzweifelten Versuch, sich und ihr Familienleben vor der harten und gewalttätigen Realität zu schützen, und verwebt ihre Erlebnisse auf der Reise durch Israel mit ihren Erinnerungen und den politischen Ereignissen. Auf eindrückliche Weise zeigt er dabei, wie das Schicksal der Menschen in Israel unauflöslich mit Politik und Krieg verbunden ist.

Auch nach dem Tod seines Sohnes engagiert sichDavid Grossman weiterhin für eine friedliche Lösung im Nahost-Konflikt. Im November 2006 appelliert er bei seinem ersten öffentlichen Auftritt vor 100.000 Menschen an die Politik, jedes noch so zögerliche Friedenssignal der arabischen Führer anzunehmen. Als die Hamas im Dezember 2008 beginnt, aus dem Gazastreifen israelische Städte mit Raketen zu beschießen, fordert er von seinem Land Zurückhaltung: »Wir haben die Pflicht, die Zivilbevölkerung zu schützen, eben weil Israel viel stärker ist als die Hamas. Wir müssen uns unbedingt vor dem Strudel der Gewalt hüten, der uns in der Vergangenheit allzu oft verschlungen hat.«

Wichtiger Bestandteil seines literarischen Schaffens bleiben neben seinen politisch motivierten Schriften und den Romanen seine zahlreichen Bücher und Geschichten für und über Kinder, in denen er die Familie als menschliches Drama schildert, um die Beziehungen zwischen Eltern und ihren Kindern zu beschreiben. 2009 wird seine Kinderoper »Itamar Meets a Rabbit« vom Philharmonischen Orchester Israels uraufgeführt. Die Musik komponiert der israelische Musiker Yoni Rechter.

David Grossman erhält für seine schriftstellerisches Werk und sein politisches Engagement zahlreiche Auszeichnungen, darunter den Harry Herschon-Preis (Israel, 1980), Prime Minister's Prize for Literature Work (Israel, 1984), Nelly-Sachs-Preis (1991), Premio Mondello (Italien, 1996), Premio Grinzane Cavour (Italien, 1997), Sapir Prize (Israel, 2001), Manès Sperber-Preis (2002), Bialik Prize (Israel, 2004), Emet-Prize (Israel, 2007), Geschwister-Scholl-Preis (2008) und den Albatros-Preis (2010).

David Grossman, Sohn des 1933 aus Polen eingewanderten Busfahrers Yitzhak Grossman und dessen Frau Michaela, ist mit der Psychologin Michal Grossman verheiratet. Zusammen haben sie drei Kinder, Jonathan, Ruth und Uri, und leben in Mevaseret Zion, einem Vorort von Jerusalem.

Biography

Stages of life

David Grossman was born in 1954 in Jerusalem and is one of Israel's most influential writers and journalists. In his novels, stories, essays and children's books – many of which have been translated into more than thirty languages and received numerous awards – Grossman deals first and foremost with his country's identity and the Israeli-Palestinian conflict. He is also an active participant in the political debate that seeks to find a peaceful solution to the conflict in the Middle East.

After completing his military service in 1975, David Grossman began studying philosophy and theater at the Hebrew University of Jerusalem. During this time, he also worked as a news editor and radio drama author and actor for Israeli public radio. Grossman was writing short stories even before graduating from university in 1979, and in 1983 he published his first novel »The Smile of the Lamb« (Engl. 1990). This story, which centers on three Israelis and an elderly Arab against the backdrop of the occupied territories, received much critical praise for its directness and intensity. In his 1986 novel »See Under: Love« (Engl. 1989), which deals with the second generation following that of the Shoah survivors, Grossman employs grotesque, fairy-tale-like and fantastical means in an attempt to describe the indescribable. This work enlivened the debate on whether or not the Shoah could be dealt with by literary means. The novel, along with the publication in 1987 of a collection of observations entitled »The Yellow Wind« (Engl. 1988), which deals with relations between Israelis and Arabs, gave Grossman worldwide exposure.

In 1988, after refusing to succumb to censorship regarding Yasser Arafat's announcement of Palestinian independence – in which Arafat also spoke indirectly for the first time of Israel's right to exist – David Grossman was promptly fired. From then on, he concentrated on writing fiction and went on to publish a number of novels, including »The Book of Intimate Grammar« (1991, Engl. 1994) and »Be My Knife« (1998, Engl. 2002), in which he described the complexity of life in the world today, as well as youth and children's stories, including »The Zig-Zag Kid« (1994, Engl. 1997) and various stories featuring a character named Joram (1990, 1991 and 1992). In his political essays on the situation of Arabs living in Israel, which he published as »Sleeping on a Wire: Conversations with Palestinians in Israel« (1992, Engl. 1993), Grossman dealt in depth with the problems of co-existence. As an early supporter of the Geneva Initiative, he also increasingly used his political commentary to call for reconciliation between Israelis and Palestinians. In the essay collection »Death as a Way of Life: Israel Ten Years after Oslo« (2003, Engl. 2003), Grossman documented his growing disappointment with the lack of progress in solving the conflict between Israelis and Palestinians.

David Grossman's desire to understand and describe the position of those who think differently is a driving factor behind his political activity and influences the themes of his literary work. In the youth novel »Someone to Run With« (2000, Engl. 2004) about a boy who embarks on a journey through Jerusalem with a lost dog to find its owner, and »Lion's Honey« (2005, Engl. 2006), which explores the biblical story of Samson, Grossman makes obvious reference to the situation in which Israeli society finds itself. When the Israeli-Lebanon conflict broke out in 2006, David Grossman and fellow authors Amos Oz, Abraham B. Jehoshua and others, called for a ceasefire between the two countries. Only days later, his son Uri was killed by a Hezbollah missile. He worked through this painful experience in »To the End of the Land« (2008, Engl. 2010), an epic novel that tells of a woman's desperate attempt to protect herself and her family life from a hard and violent reality. In this work, Grossman intertwines the woman's journey through Israel with her memories and political events. He also shows in a striking manner the extent to which the fate of people in Israel is unequivocally tied to politics and war.

Even after the death of his son, David Grossman continued to call for a peaceful solution to the Middle East conflict. In November 2006, at his first public appearance, he appealed – in front of a crowd of 100,000 people – to political figures to accept each and every peace overture from Arab leaders, however small the gesture might be. When Hamas began launching rockets at Israeli cities from the Gaza Strip in December 2008, he called for restraint from his own country: »We have a duty to protect the civilian population, precisely because Israel is much stronger than Hamas. We absolutely must beware of the maelstrom of violence that has engulfed us too often in the past.«

In addition to his political writings and novels, the most important part of David Grossman's literary oeuvre remains his many books and stories for and about children. In these works, he depicts the family as a human drama so as to better describe the relationships between parents and their children. In 2009, his opera for children entitled »Itamar Meets a Rabbit« had its premiere with the Israeli Philharmonic Orchestra. Israeli composer Yoni Rechter composed the music for the opera.

David Grossman has received a number of prestigious awards for his literary work and political activism, including the Harry Herschon Prize (Israel, 1980), the Prime Minister's Prize for Literature Work (Israel, 1984), the Nelly Sachs Prize (1991), the Premio Mondello (Italy, 1996), the Premio Grinzane Cavour (Italy, 1997), the Sapir Prize (Israel, 2001), the Manès Sperber Prize (2002), the Bialik Prize (Israel, 2004), the Emet Prize (Israel, 2007), the Geschwister Scholl Prize (2008) and the Albatros Prize (2010).

David Grossman is the son of Yitzhak Grossman, a bus driver who immigrated to Israel from Poland in 1933, and his wife Michaela. He is married to the psychologist Michal Grossman. They have three children, Jonathan, Ruth und Uri, and live in Mevaseret Zion, a suburb of Jerusalem.

Stiftungsrat der Stiftung Friedenspreis /
The Foundation's Board of Trustees

Frühjahr 2010 / Spring 2010

Die Friedenspreisträger /
Previous winners of the Peace Prize

und ihre Laudatoren / and their laudatory speakers

1950   Max Tau – Adolf Grimme

1951   Albert Schweitzer – Theodor Heuss

1952   Romano Guardini – Ernst Reuter

1953   Martin Buber – Albrecht Goes

1954   Carl J. Burckhardt – Theodor Heuss

1955   Hermann Hesse – Richard Benz

1956   Reinhold Schneider – Werner Bergengruen

1957   Thornton Wilder – Carl J. Burckhardt

1958   Karl Jaspers – Hannah Arendt

1959   Theodor Heuss – Benno Reifenberg

1960   Victor Gollancz – Heinrich Lübke

1961   Sarvepalli Radhakrishnan – Ernst Benz

1962   Paul Tillich – Otto Dibelius

1963   Carl Friedrich von Weizsäcker – Georg Picht

1964   Gabriel Marcel – Carlo Schmid

1965   Nelly Sachs – Werner Weber

1966   Augustin Kardinal Bea und W.A. Visser 't Hooft – Paul Mikat

1967   Ernst Bloch – Werner Maihofer

1968   Léopold Sédar Senghor – François Bondy

1969   Alexander Mitscherlich – Heinz Kohut

1970	Alva und Gunnar Myrdal – Karl Kaiser
1971	Marion Gräfin Dönhoff – Alfred Grosser
1972	Janusz Korczak (posthum) – Hartmut von Hentig
1973	The Club of Rome – Nello Celio
1974	Frère Roger, Prior von Taizé – (keine Laudatio)
1975	Alfred Grosser – Paul Frank
1976	Max Frisch – Hartmut von Hentig
1977	Leszek Kołakowski – Gesine Schwan
1978	Astrid Lindgren – Hans-Christian Kirsch, Gerold U. Becker
1979	Yehudi Menuhin – Pierre Bertaux
1980	Ernesto Cardenal – Johann Baptist Metz
1981	Lew Kopelew – Marion Gräfin Dönhoff
1982	George F. Kennan – Carl Friedrich von Weizsäcker
1983	Manès Sperber – Siegfried Lenz
1984	Octavio Paz – Richard von Weizsäcker
1985	Teddy Kollek – Manfred Rommel
1986	Władysław Bartoszewski – Hans Maier
1987	Hans Jonas – Robert Spaemann
1988	Siegfried Lenz – Yohanan Meroz
1989	Václav Havel – André Glucksmann

1990	Karl Dedecius – Heinrich Olschowsky
1991	György Konrád – Jorge Semprún
1992	Amos Oz – Siegfried Lenz
1993	Friedrich Schorlemmer – Richard von Weizsäcker
1994	Jorge Semprún – Wolf Lepenies
1995	Annemarie Schimmel – Roman Herzog
1996	Mario Vargas Llosa – Jorge Semprún
1997	Yaşar Kemal – Günter Grass
1998	Martin Walser – Frank Schirrmacher
1999	Fritz Stern – Bronislaw Geremek
2000	Assia Djebar – Barbara Frischmuth
2001	Jürgen Habermas – Jan Philipp Reemtsma
2002	Chinua Achebe – Theodor Berchem
2003	Susan Sontag – Ivan Nagel
2004	Péter Esterházy – Michael Naumann
2005	Orhan Pamuk – Joachim Sartorius
2006	Wolf Lepenies – Andrei Pleşu
2007	Saul Friedländer – Wolfgang Frühwald
2008	Anselm Kiefer – Werner Spies
2009	Claudio Magris – Karl Schlögel
2010	David Grossman – Joachim Gauck

O. Pamük - 2006 - Ucbdpreis